该书为山东省"十四五"规划重点课题《中小学劳动教育集团的推进与实践研究》研究成果

# 光影视界

主　编：聂麦花

副主编：任　乐　张媛媛　刘春雷

王子瑜　任美璇

中国青年出版社

**图书在版编目（CIP）数据**

光影视界 / 聂麦花主编；任乐等副主编 . —北京：中国青年出版社，2024.6
（新时代劳动教育指导丛书）
ISBN 978-7-5153-7319-5

Ⅰ . ①光… Ⅱ . ①聂… ②任… Ⅲ . ①劳动课－小学－教学参考资料 Ⅳ . ① G624.93

中国国家版本馆 CIP 数据核字（2024）第 100681 号

**光影视界**

作　　者：聂麦花　等
责任编辑：刘　霜　罗　静　邵明田
出版发行：中国青年出版社
社　　址：北京市东城区东四十二条 21 号
网　　址：www.cyp.com.cn
编辑中心：010-57350508
营销中心：010-57350370
经　　销：新华书店
印　　刷：三河市君旺印务有限公司
规　　格：787mm×1092mm　1/16
印　　张：9.75
字　　数：141 千字
版　　次：2024 年 6 月北京第 1 版
印　　次：2024 年 6 月河北第 1 次印刷
定　　价：46.00 元

如有印装质量问题，请凭购书发票与质检部联系调换
联系电话：010-57350337

# 总　序

在人类漫长的发展历程中，劳动始终是推动社会进步的核心力量。它不仅塑造了我们的物质世界，更在精神层面赋予我们无尽的智慧和力量。劳动教育，作为传承劳动精神、培育新时代劳动者的关键途径，其重要性不言而喻。本系列丛书正是立足于这一深刻认识，致力于为青少年提供一套科学、系统、全面的劳动教育教材。

## 劳动教育的意义与价值

劳动教育，作为教育体系中不可或缺的一环，其深远的意义与价值正逐渐被人们所认识和重视。它不仅仅是一种技能的传授或是一种简单的身体力行，更是一种全面的、深入的教育方式，对学生的成长与发展具有不可替代的作用。

首先，劳动教育的核心意义在于它帮助学生树立正确的价值观和世界观。通过亲身参与劳动，学生能够深刻体验到劳动成果的来之不易，从而更加珍惜和感恩生活中的每一份收获。这种体验让学生明白，无论是学习还是未来的工作，都需要付出努力和汗水，才能取得成果。这样的认知，有助于培养学生脚踏实地、勤奋努力的品质，为他们未来的人生道路奠定坚实的基础。

其次，劳动教育在培养学生的实践能力方面发挥着重要作用。在劳动过程中，学生需要动手去操作、去实践，这不仅锻炼了他们的动手能力，还提高了他们解决实际问题的能力。这种实践能力是学生在学习和工作中不可或缺的重要素质，也是他们未来创新和发展的基础。

最后，劳动教育有助于培养学生的团队协作精神和责任意识。在劳动中，

学生往往需要与他人合作，共同完成某项任务。这样的过程不仅锻炼了学生的沟通协调能力，还让他们学会了如何承担责任、如何为团队做出贡献。这些品质对于学生未来的社会生活和职业发展都具有重要意义。

## 劳动教育的目标与内容

劳动教育的目标与内容，构成了这一教育领域的核心框架。其旨在全面发展学生的劳动技能、劳动态度和劳动精神。其目标不仅关注学生的技能习得，更注重通过劳动实践来塑造学生的品格和价值观，为他们未来的生活和工作奠定坚实的基础。

首先，劳动教育的首要目标是培养学生的劳动技能。这包括基本的动手操作能力、工具使用技巧，以及特定劳动领域所需的专业技能。通过系统的训练和实践，学生将逐渐掌握各种实用技能，为他们日后的独立生活和职业发展提供有力支持。

其次，劳动教育致力于培养学生的劳动态度。在劳动过程中，学生将学会敬业、勤勉和专注，这些品质将伴随他们走向社会，成为他们职业生涯中的宝贵财富。同时，劳动教育还强调创新精神的培养，鼓励学生在掌握传统技能的基础上，勇于尝试新方法、新思路，以适应不断变化的社会环境。

最后，劳动教育的内容还包括传授劳动安全知识和培养环保意识。学生将学习如何在劳动过程中保护自己，避免意外伤害；同时了解并实践环保理念，通过劳动为保护环境贡献自己的力量。

## 劳动教育的实施方法

劳动教育的实施方法是实现其目标与内容的关键环节。为了确保劳动教育的有效性，教育者需要采用多种灵活且富有创新性的实施方法，以适应不同学生的需求和特点。

首先，理论与实践相结合是劳动教育的核心实施方法。理论知识的学习能够为学生提供必要的指导和基础，帮助他们了解劳动的原理、技巧和安全规范。然而，仅有理论知识是远远不够的，必须通过实践操作来巩固和深化学生的理解。因此，教育者应组织丰富多样的实践活动，如手工制作、园艺种植、机械维修等，让学生在亲身参与中体验劳动的乐趣和价值。

其次，项目式学习是一种有效的劳动教育实施方法。教育者可以设计具有挑战性的项目任务，如制作一个小型工艺品、搭建一个简易机器人或规划一次社区服务活动等。这些项目能够激发学生的创造力和团队协作精神，促使他们在解决实际问题的过程中提升劳动技能和社会责任感。

再次，开展校企合作是拓宽劳动教育途径的重要方式。学校可以与企业合作，为学生提供实习和实践的机会。通过参观企业生产线、参与产品制作和流程管理，学生能够更加直观地了解现代工业生产和技术应用，从而增强他们的职业素养和就业竞争力。

最后，利用信息技术手段也是提升劳动教育效果的关键。教育者可以借助虚拟现实（VR）技术模拟真实的劳动场景，让学生在安全的环境中进行模拟操作和实践。同时，利用在线教育资源和互动平台，学生可以随时随地学习劳动知识和技能，与同伴分享经验、交流心得。

## 劳动教育与全面发展

劳动教育，作为我们系列丛书的核心主题，其深远意义不仅在于传授劳动技能，更在于它如何促进学生的全面发展。这套丛书，正是我们为了响应新时代教育改革的号召，专门为学生量身打造的劳动教育实践指南。

通过丛书中丰富多样的劳动实践案例，我们希望引导学生亲身参与、体验劳动的乐趣与价值，从而在劳动中实现自我成长与全面发展。

首先，这套系列丛书通过各类劳动实践项目，如园艺、手工艺、家庭维修等，促进学生的身体发展。在动手实践的过程中，学生不仅能够锻炼身体，提升体能，还能培养身体的协调性与灵活性。

其次，丛书中的劳动教育活动注重激发学生的智力潜能。学生在劳动中需要运用所学知识解决实际问题，这种实践性的学习方式能够加深学生对课堂知识的理解，并激发他们的创新思维与探索欲望。

再次，在情感教育方面，这套丛书同样不遗余力。通过让学生参与劳动，体验劳动的艰辛与喜悦，培养学生的感恩之心与珍惜之情。同时，劳动中的挑战与困难也能锻炼学生的毅力与耐力，塑造他们坚韧不拔的精神品质。

最后，丛书中的劳动教育活动还蕴含着丰富的美育元素。学生在劳动中创造美、欣赏美，不仅能够提升他们的审美能力，还能培养他们的创造力与想象力。

综上所述，这套劳动教育系列丛书致力于促进学生的全面发展。通过劳动，我们希望学生在身体、智力、情感、社会责任感和审美等方面都能得到显著提升，成为新时代的优秀青年。

# 定格动画

# 电脑绘画

数码摄影

# 摄像与编辑

# PS图片处理

# 定格动画

# 第一章　概述

1980 年国际动画协会（ASIFA）给动画做了国际化的统一命名——"Animation"，并定义为：动画艺术是指除使用真实的人或事物造成动作的方法外，使用各种技术所创造之活动影像，亦即以人工的方式所创造出来的动态影像。动画是一种综合艺术门类，是工业社会人类寻求精神解脱的产物，它是集绘画、漫画、电影、数字媒体、摄影、音乐、文学等众多艺术门类于一身的艺术表现形式。

## 第一节　动画分类

动画的分类有多种方式，常见的有：

### 一、以制作的技术手段分类

手绘动画、电脑动画、定格动画

我们看过的动画片

**手绘动画**

图 1-1《大闹天宫》

图 1-2《猫和老鼠》

**电脑动画**

图 1-3《长发公主》

图 1-4《海底总动员》

**定格动画**

图 1-5《鬼妈妈》

图 1-6《阿凡提的故事》

# 二、以视觉维度分类

二维动画、三维动画

二维动画

图1-7《千与千寻》

三维动画

图1-8《飞屋环游记》

# 三、以播放时间长短分类

长片、短片

长片

图1-9《里约大冒险》　　　　图1-10《勇敢传说》

短片

图1-11 《纸人》

图1-12《月神》

**你还能举出其他的分类方式吗？**

# 第二节　定格动画

定格动画（Stop-Motion Animation）是通过逐格地拍摄对象，然后使拍摄画面连续放映，从而产生仿佛活了一般的人物或你能想象到的任何奇异角色。我们通常所指的定格动画一般都是由黏土偶、木偶或混合材料的角色来演出的。定格动画是一种特殊的动画形式，与手绘动画、电脑动画共同构成了现代动画的三大门类。

国际代表作：《鬼妈妈》《圣诞夜惊魂》《小鸡快跑》《超级无敌掌门狗》

图1-13《鬼妈妈》

图1-14《圣诞夜惊魂》

图 1-15《小鸡快跑》

图 1-16《超级无敌掌门狗》

国内：《神笔马良》《阿凡提的故事》

图 1-17《神笔马良》

图 1-18《阿凡提的故事》

定格动画道具怎么制作？

定格动画用真实的拍摄方法。

# 第三节　制作定格动画的步骤

**1. 脚本创意（剧本编写）**

脚本创意为定格动画制作提供内容。根据故事的复杂程度，有些是详细的剧本，有些是制作方向的指导。对于任何一个动画片，脚本创意和剧本编写是基础。好的动画片必须要有一个好的故事内容。

**2. 分镜头画稿**

导演需要把剧本分镜头化，并让画稿人员画出分镜头。分镜头对于定格动画的制作非常重要。它为定格动画的制作、拍摄和后期合成提供了构图、内容、色彩等参考。

**3. 角色设定和制作**

角色设定某种意义上是一个动画片的关键。定格动画的角色设计分两个步骤：角色画稿和角色制作。通常，我们先用平面的手法进行角色设计，在角色平面画稿的基础上，挑选出比较符合的角色，然后通过各种材料去制作。

**4. 道具场景制作**

道具场景的制作是其他动画形式中没有的。定格动画其实就是把故事里的世界用实物做出来，然后让角色在实体存在的场景里演绎故事。

**5. 逐帧拍摄**

在所有的制作完成后，就进入拍摄阶段。通常我们用专业的数码单反相机来保证画面的完美。在拍摄过程中，灯光、摄影角度都是决定片子好坏的关键。

**6. 后期剪辑和合成**

后期工作就是把拍摄的画面进行符合节奏的剪辑、配音、添加特效，有时还需要合成二维或三维技术。

# 第二章  脚本创意、分镜画稿

　　同学们初次接触动画，重在体验。因此，脚本着重创意，主题有环保、幽默、理想、励志、幻想等等，也可以是典故、成语故事、童话改编，总之是积极健康向上的就好。

　　下面是同学们的作品之一：《感恩》

图1-19《感恩》封面

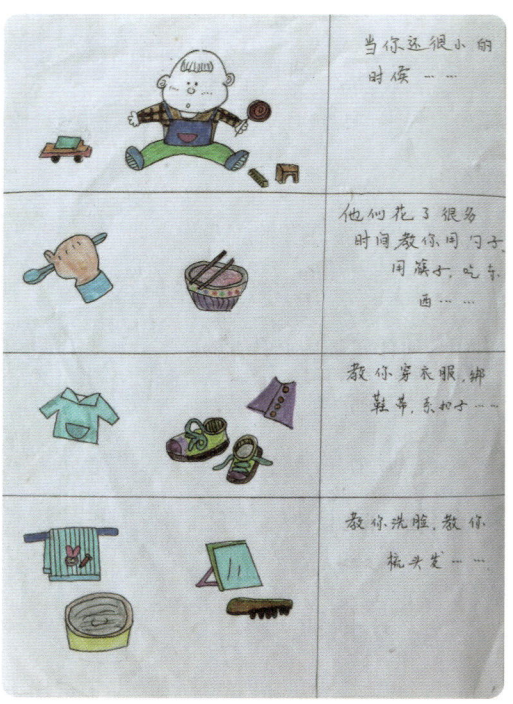

图1-20《感恩》一

图1-21《感恩》二

图1-22《感恩》三

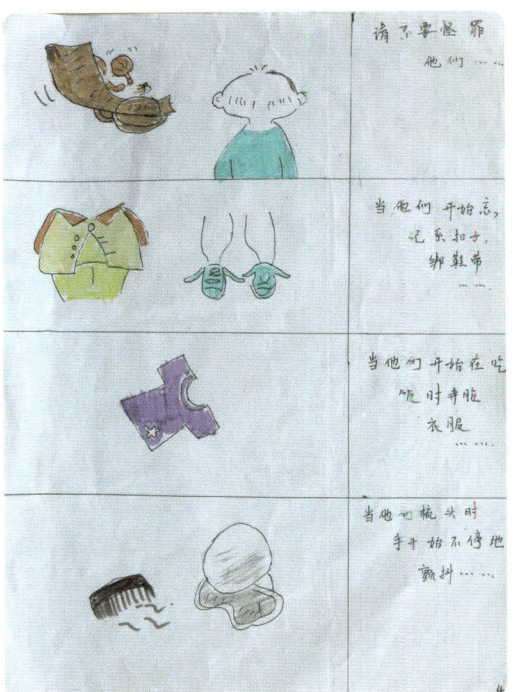

图1-23《感恩》四

图1-24《感恩》五

图 1-25《感恩》七

作品虽然不是同学们原创，但是反映了同学们向善和感恩的心。

**想一想**

你有好的创意吗？

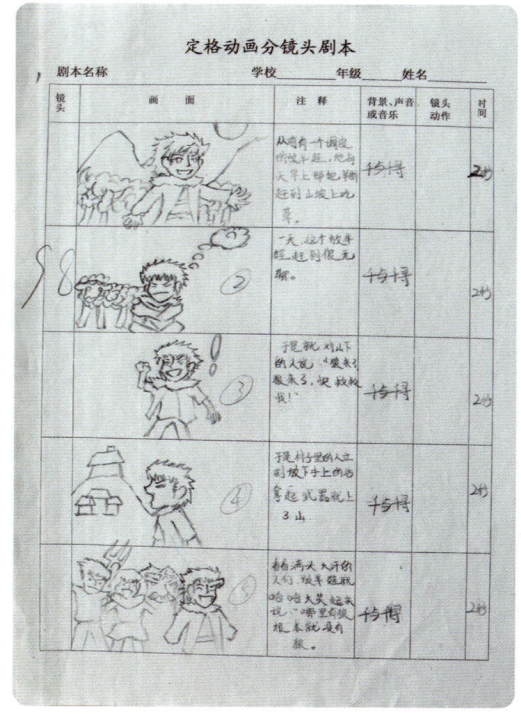

图 1-26 分镜头剧本

分镜头脚本的作用，就好比建筑大厦的蓝图，是同学们进行拍摄以及进行后期制作的依据，也是所有小组人员领会整个剧本意图，进行再创作的依据。

分镜的内容多种多样，主要有序号、镜头、内容、景别和拍摄角度、音乐、时间等等。同学们初次体验动画，分镜可以简化，满足基本需要就可以了。

同学们制作的分镜画稿，应有基本的镜头序号、画面以及注释，还有镜头、动作和镜头持续的大概时间。

下面是同学们的小作品分镜画稿。

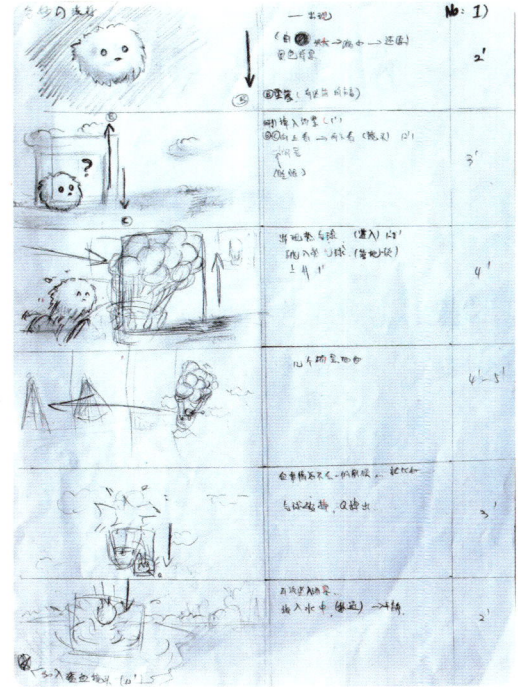

图 1-27 分镜画稿一

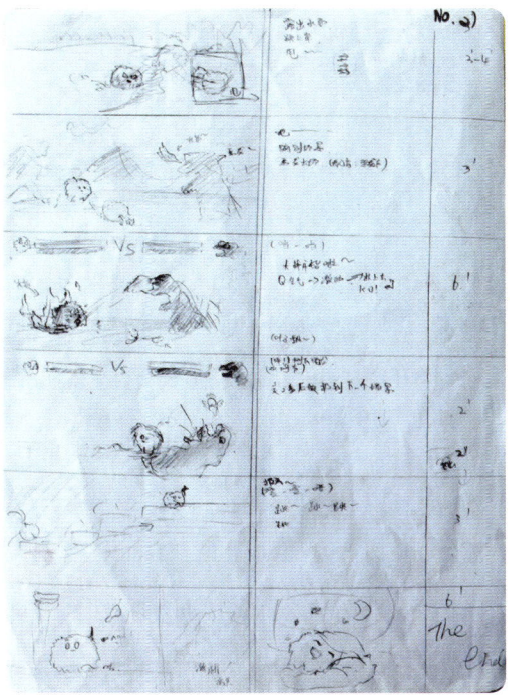

图 1-28 分镜画稿二

从上例中我们可以看到分镜的基本内容，当然彩色的更好。

练一练

我们来创作自己的小作品吧！展示我们的想象和创意！

# 第三章　角色、场景、道具的制作

角色、场景和道具的制作是定格动画拍摄的准备工作，所以材料的选择和制作的精良程度关系到定格动画的整体效果。

## 第一节　材料选取

我们制作道具通常所接触到的材料主要有：纸片、软陶泥、纺织品、橡皮泥。制作材料根据定格动画的类型和需要进行选择。

你将如何选择制作材料呢？

**纸片**

纸片通常有彩色卡纸和白卡纸，是学生制作定格动画使用最普遍的材料。一般在选择做二维定格动画时，会采用纸片材料制作角色、场景以及道具。

图1-29　纸片

**软陶泥**

使用软陶泥制作角色、场景以及道具，更加能体现空间感和立体感，使得整个定格动画的拍摄效果更接近于真实的环境模拟。

图1-30　软陶泥

**纺织品**

纺织品主要用于角色制作，为了突出主要角色，适用于定格动画以角色塑造为主的内容情节，但是做工复杂，花费时间久。

图 1-31 纺织娃娃

在材料的选择过程中，应本着为定格动画服务的原则，切忌华而不实，只是追求视觉的冲击而忘记了它们本身的用途。

# 第二节 角色的制作

我们以纸片材料为例研究角色的制作过程以及要点。

我们需要准备些什么？以下是以纸片材料制作角色所需部分材料和工具。

图 1-32 切割垫

图 1-33 白色、彩色卡纸

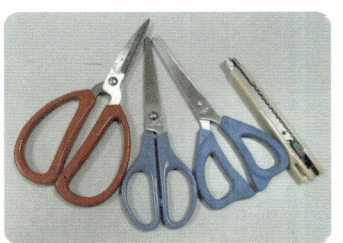

图 1-34 剪刀、壁纸刀

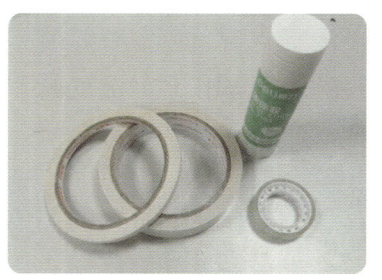

图 1-35 胶棒、透明胶带、粗细双面胶

图 1-36 水彩笔、彩色铅笔

下面我们开始制作角色了！

如果是立体的泥偶角色，在制作中分正、反、侧面不同角度的造型。如果是纸片的角色，只要画出正面就可以，但是如果动画需要，还要设计角色其他角度的造型。

图 1-37 纸片角色

图 1-38 立体泥偶

给角色进行上色时，颜色要做到明快、鲜艳、清晰。这样，在拍摄灯光的映照下，色彩效果明显。

图 1-39 小王子

图 1-40 服装秀

在进行人物创作时，应注意掌握好人物身体比例。相对于写实人物动画角色是大头小身的可爱造型，可将人物的体型特征、表情、发式、服饰等进行变形夸张。

图 1-41 皇帝的新衣

如果需要引用的角色过于复杂，难以绘制，可以采用打印重新着色的方式进行角色造型创作加工。

图 1-42 作品展示

# 第三节　场景设计与制作

场景主要展示整个动画的环境条件和氛围。随着故事的展开，场景是围绕在角色周围，与角色发生关系的所有景物，以及角色所处的环境。场景一

般分为内景、外景以及内外景的结合。

内景主要展现人物的私人空间，能够更好地体现人物的个性和情趣。

图 1-43 内景一

图 1-44 内景二

外景主要表现角色活动的外部环境。

图 1-45 悉尼歌剧院

图 1-46 学校外部场景

内外结合景主要用于过渡性场景。

图 1-47 内外结合景

场景设计不应过于死板，应当在适当的地方做一些处理。

图1-48 将窗户做成镂空状，可以根据需要更换窗户外的背景图案

还可以模拟某些特定场景，例如网站和游戏背景。

图1-49 游戏开场、结束背景

# 第四节 道具制作

在定格动画中，角色造型制作好后，就要根据人物的比例和剧本要求制作道具了。用于道具制作的材料没有什么特殊的限制，但要注意所用材料自身颜色和产生的画面色彩。精致的道具会使动画的画面丰富，对于加强画面的质量起到重要的作用。

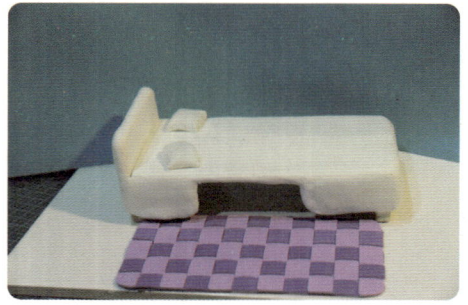

图 1-50　床和床垫

图 1-51　模具制作的脸

图 1-52　小凳子

图 1-53　小小仙人掌

字体道具也是定格动画道具制作的一部分。

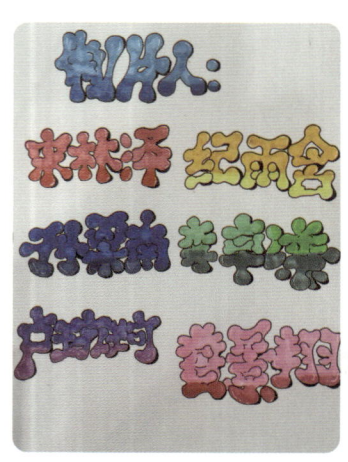

图 1-54　演职人员名单

 练一练

开始制作我们的角色、场景、道具吧！

# 第四章 定格动画的拍摄

正式的拍摄马上开始啦，距离同学们的动画梦想又近了一步。准备好所有的材料和设备，注意灯光的使用技巧和工具的安全哦。

打开软件，将摄像头摆放在桌子上，调整好角度。

将聚光灯摆放在桌子边上，调整好高度、照射范围等。

图 1-55 拍摄准备

同学们要齐心合力、团结协作，发挥各自的优势，完成定格动画的拍摄工作。

大功告成！

图 1-56 等待输出动画进程结束

end.avi

图 1-57 动画输出完毕

让我们来欣赏一下。

图 1-58

## 第五章　定格动画的后期制作

经过几天的努力，我们的定格动画拍摄终于完成了。为了让我们的动画更加丰富多彩，下面我们来学习怎样对定格动画进行后期加工。

用于后期剪辑合成的软件有很多，常见的有 After Effects、Premiere、会声会影等。下面我们就会声会影 11 的使用做简单的介绍。

图 1–59　会声会影编辑器

首先，启动会声会影编辑器，进入会声会影主界面。

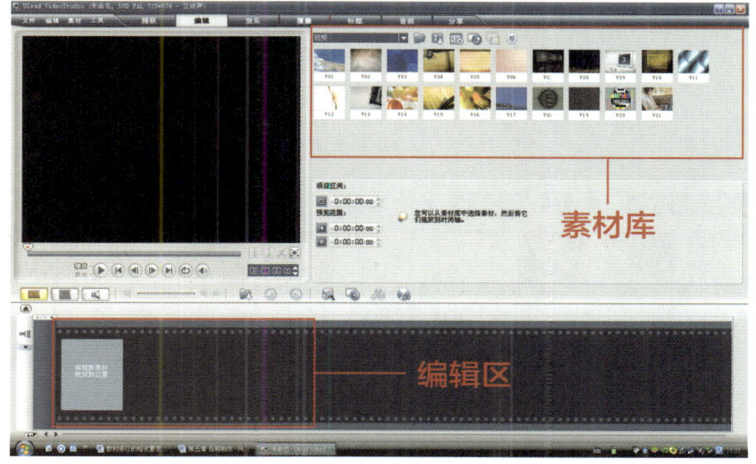

图 1–60　会声会影 11 主界面

 想一想

如何插入我们的定格动画呢？

在素材库面板下，点击加载视频按钮 ，找到定格动画存放路径，点击打开。

定格动画被导入到素材库中。

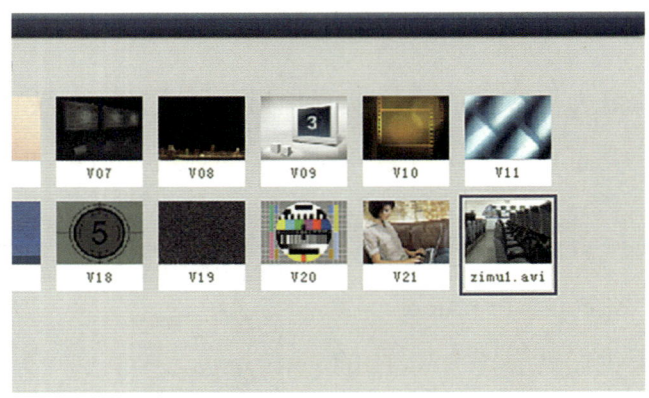

图 1-61 动画导入素材库

**片头片尾的制作**

一部完整的动画都应当有片头片尾的制作。在会声会影 11 软件中，自带一些片头片尾，学生们可以参考使用，也可以自行下载特色视频导入素材库使用。

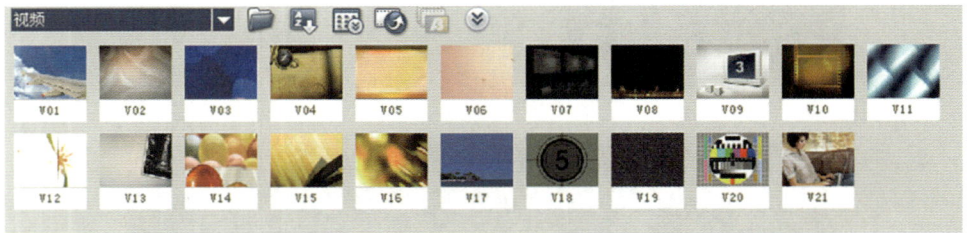

图 1-62 会声会影 11 视频库自带素材

### 添加字幕

字幕是对一部动画作品更好的阐释，所以字幕的制作应当简单、明显，让观众能够清楚地看到，切勿华而不实。

将时间针停留在要添加字幕的位置，单击文字轨"T"，双击屏幕进行文字添加。

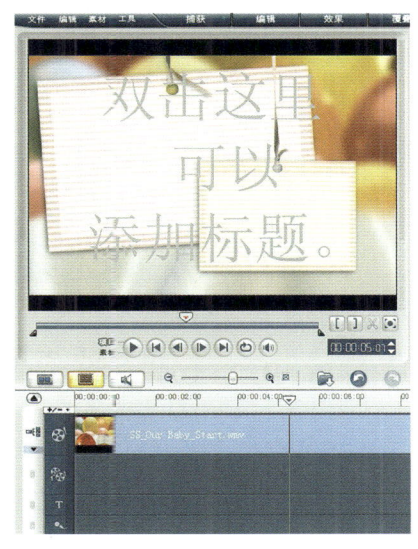

图 1-63 添加文字

### 编辑文字

在文字编辑页签下，对文字进行字体的大小、位置、颜色调节，也可以添加文字边框和阴影。

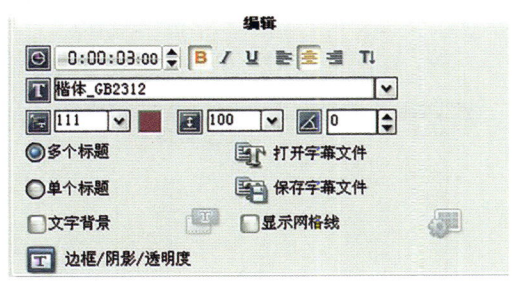

图 1-64 文字编辑

图 1-65 文字效果

让文字动起来！

### 文字动画

为了让文字活泼，我们可以给文字添加动画。双击"标题轨"的文字，

进入"动画"页签，勾选"应用动画"选择自己喜欢的文字效果，双击添加。

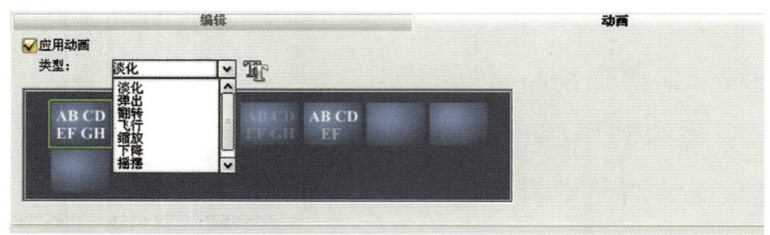

图1-66 会声会影11视频库自带素材

### 添加音效

将所需音频素材添加至素材库，然后拖拽至声音轨、音乐轨。注意：音频要和定格动画整个视频一起结束。

### 输出视频

点击分享菜单—创建视频文件—DVD/VCD-SVCD-MPEG—PAL VCD—保存在D盘自己的文件夹下，等待输出。

图1-67 输出视频

 看一看

大功告成！

# 电脑绘画

# 第一章　走入电脑绘画

## 第一节　电脑绘画概况

科学技术的发展日新月异，对人们的日常生活产生了深刻的冲击和影响。科技的触角延伸到人们生活的方方面面，不仅使我们日常的生活变得更加迅捷方便，同时使我们在艺术创造创新等方面也受到了深深的影响。例如，电脑绘画技术的发展让我们打破了传统绘画的瓶颈，极大地丰富了人们的创作体验。相较于传统绘画，电脑绘画有很多优点，比如不受场景的限制，呈现的内容形式更多元化；可以多画种协同操作，从而能达到更完美的绘制效果。我们常用的绘图软件有 Photoshop、Krita、奇奕画王、Corel Painter 等，在教学中我们主要使用奇奕画王。因为其功能强大，画笔丰富，其中有水彩笔、铅笔、蜡笔、粉笔、喷枪等，而且笔的粗细、力度、颜色都能够调整，利用它可以随心所欲地画铅笔画、水彩画、国画、蜡笔画……软件还提供了许多图片素材，可以用来自由组合图画。

电脑绘画的应用范围也越来越广，在动画、漫画、插图、网页制作、广告制作、服装设计、建筑效果图以及各种示意图中都可以看到电脑绘画的影子，所以在当今社会掌握一定的电脑绘画知识，会让我们在面对实际生活的各种需要时更加得心应手。

# 第二节　工具介绍

数位屏是计算机输入设备的一种。我们可以把它理解成画家的画板。

数位笔，也就是画笔，随着不同软件中画笔的选择，可以绘制不同的画面效果。

图 2-1　数位屏

图 2-2　数位板

图 2-3　数位笔

主机，键盘和鼠标，配合数位笔的使用，方便操作。

图 2-4　键盘

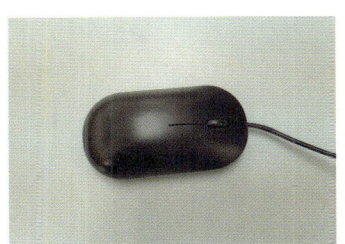
图 2-5　鼠标

图 2-6　主机

图 2-7　执笔姿势

图 2-8　绘画姿势

图 2-9　练习

# 第三节　一点绘画常识

## 一、透视

**平行透视：**立方体有一个面与我们的视平线平行，即与画面平行，立方体和画面所构成的透视关系称为"平行透视"。因为它只有一个消失点，所以也称为一点透视。

**成角透视：**物体有一组垂直线与画面平行，其他两组线均与画面成一定角度，而每组都有一个消失点，共有两个消失点，所以成角透视也称为二点透视。

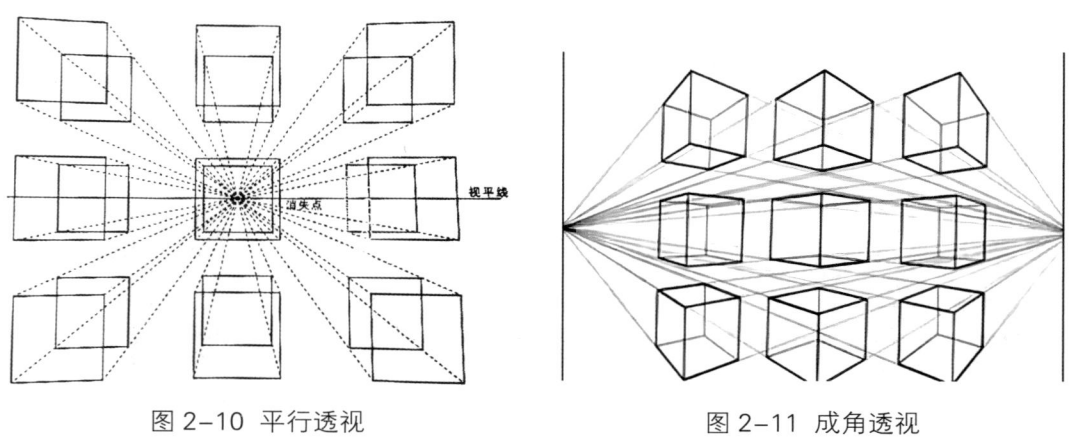

图 2-10　平行透视　　　　　　　　　图 2-11　成角透视

**散点透视：**没有具体的视点，整个画面似乎有很多的视点，而每个视点又都在局部构成透视关系。画面中画家的视点是不断移动的，因而产生了多个消失点，这种方式被称为"散点透视"。散点透视多存在于中国绘画中，也因为这种观察方法，我们中国古代的绘画多数是长卷形式，以横轴或立轴为主。

**空气透视：**达·芬奇创造的一种透视法。表现为借助空气对视觉产生的阻隔作用，物体距离越远，形象就描绘得越模糊；越远处的物体形体越虚，色调越弱，越偏向于蓝灰色。

## 二、构图

中心构图主体物突出，但应该注意仔细选择画面主体和背景，避免杂乱。

三角形构图是最稳定和常见的一种构图方式。

图 2-12 克拉姆斯柯依《无名女郎》

图 2-13 达芬奇《蒙娜丽莎》

水平线构图给人宁静、开阔、平稳的感觉。

对角线构图则带来强烈的动感，使得画面呈现出一种激烈、动荡不安的气氛。

图 2-14 米勒《拾穗》

图 2-15 卡拉瓦乔《耶稣下十字架》

光源构图，光源为中心的构图呈现出强烈的光感，使得画面显得温馨而又宁静，重点特别突出。

图 2-16  维米尔《读信的少女》

## 三、色彩

### 1. 色彩三要素：色相、明度、纯度

（1）色相——色彩的相貌，通俗点理解就是色彩的名字。把红、橙、黄、绿、蓝、紫和处在它们之间的红橙、黄橙、黄绿、蓝绿、蓝紫、红紫这 6 种中间色——共计 12 种色作为色相环。在色相环上排列的色是纯度高的色，被称为纯色。在色相环上，与环中心对称，并在 180 度的位置相对的色被称为互补色。

（2）明度——色彩的明暗程度，以高低判断。最高明度是白色，最低明度是黑色，简单来说就是色彩的明亮程度。比如我们常说的浅绿、浅蓝这一类的浅，其实就是明度偏高；暗绿、深红倾向于明度偏低。

（3）纯度——色彩的纯净程度。某个色彩含某个颜色越多，其纯度也就越高。

### 2. 三原色、同类色、对比色、冷暖色

**三原色：**不能再分解的三种基本颜色——红、黄、蓝。

**同类色：**色相性质相同，但色度有深浅变化的颜色。一般指在色相环上 15 度夹角内的颜色，如深红与大红等。同类色能组合出单纯、柔和、优雅的美感。

**邻近色**：色相环上相距 60 度以内的颜色为邻近色，色相接近，冷暖一致，统一和谐。如黄与蓝绿，红与黄橙等。

**对比色**：色相环上相距 120～180 度的两种颜色称为对比色，一般的对比色指的是红与绿、黄与紫、蓝与橙这三组强对比色。这种色彩搭配方式可以营造夺目强烈的感觉。

**冷暖色**：色彩给人心理上的冷热感觉。红、橙、黄等色给人热烈兴奋的感觉，所以

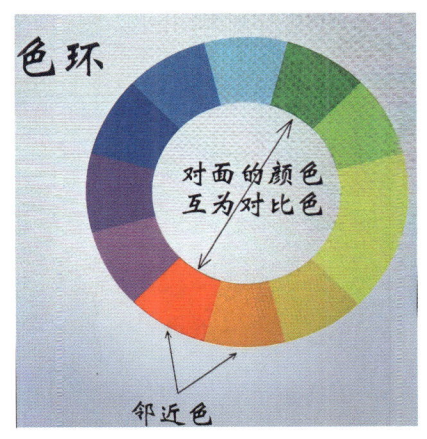

图 2-17 色环示意

称为暖色；绿、蓝、紫等色给人凉爽冷淡的感觉，所以称为冷色。

颜色还有以下特性：

明度高的颜色有向前的感觉，明度低的颜色有后退的感觉；暖色有膨大、紧迫的感觉，冷色有缩小、开阔的感觉；高纯度色有向前的感觉，低纯度色有后退的感觉。所以我们一般在创作的时候，不要选择太暖、太鲜艳的颜色做背景，而应该选择偏冷、偏灰的颜色才能更好地衬托出主体物。

在绘画中，要避免采用过多的高纯度的用色。高纯度的用色会使得画面的颜色显得生硬，而且特别纯的颜色在画面当中会显得突兀，破坏画面的整体感。高纯度的用色也不是完全不可以用，一般在一些装饰性绘画中使用。如右图，我们能看到一些纯度比较高的颜色，但是因为它是装饰性绘画，所以看起来这种纯度高的颜色不显得突兀，反而会使得画面显得鲜艳，引人瞩目。

图 2-18 马蒂斯《餐桌》

## 四、线条

线条是一幅作品的骨架。在绘画的时候，要对线条多加锤炼，避免线条出现杂乱、不确定等问题，力求使线条流畅、圆润、富有张力，具有强烈的表现力。同时线条之间要注意连贯性，避免杂乱分散、没有组织。

构思一下你的作品，怎么构图、用色效果会更好？尝试绘制草图。

# 第二章 锻造基础，熟练画笔的使用

## 第一节 海 豚

（1）创建一个大小为 800×600 的文件，旋转画板到 90 度，备用。

（2）创建两个图层，备用。

（3）选择背景层，前景色设置为深蓝，背景色设置为浅蓝，选择倒色工具里的渐变倒色，设置一个渐变的背景。

图 2-19 创建图层

（4）选择图层二，选择钢笔里的尖头钢笔。前景色设置为白色，调整画笔粗细。画海豚，并用线条装饰海豚的身体。选择特制笔里的 11 号绘制海豚的眼睛。

（5）选择操作工具里的缩放操作和移动操作，依次调整海豚的大小和位置。

图 2-20 画海豚

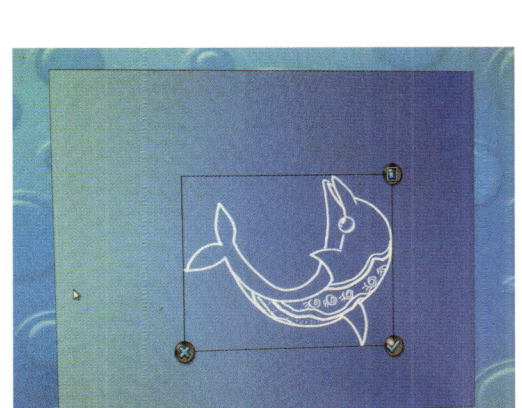

图 2-21 调整海豚位置

（6）选择仙女袋里的水草和小鱼，装饰画面。

（7）调整完成作品。

图 2-22 海豚作品完成

# 第二节　中国风——兰花

中华文明源远流长，中国画可谓是民族文化的瑰宝。熟练运用毛笔、掌握中国画的技巧需要较长时间的练习，而在电脑绘画中，我们只要选择合适的工具，就可以轻松做到！

（1）创建一个大小为 800×600 的文件，备用。

（2）创建一个图层，备用。

（3）选择背景层，选择区域选择工具，按住 Ctrl 画出一个正圆，设置前景色为浅棕色，用倒色工具填充到正圆内。

图 2-23 创建文件

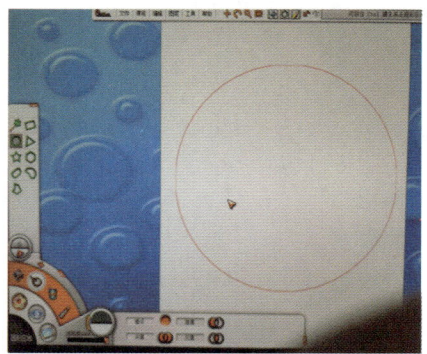

图 2-24 画圆

（4）选择图层二，选择毛笔，调整到合适大小，选择黑色，绘制兰花的叶，同时注意运用画笔的压力感应，使墨色有浓淡虚实的变化，可以配合透明度的调节。

（5）选择淡墨，调整画笔粗细，绘制花。注意绘制花的头部时，可以放大画板，用铅笔刻画局部细节，使花瓣显得更精致。

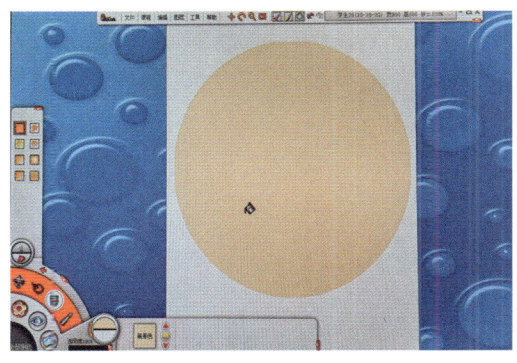

图 2-25 倒色填充正圆

图 2-26 绘制兰花

（6）选择毛笔，前景色选择黑色，题字。

（7）选择铅笔，前景色选择红色，在题字下方，画一个红色方块，画笔调细书写自己的姓氏，尽量用篆书。

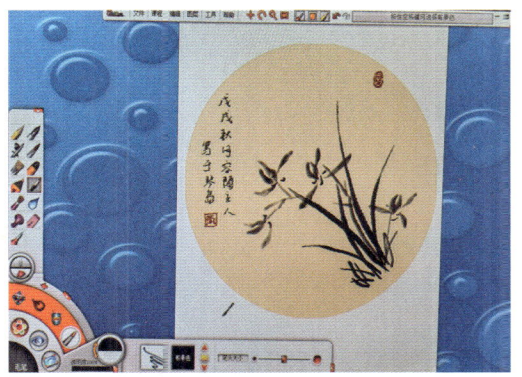

图 2-27 题字

来动手绘制一幅中国风的画作吧！

# 第三节　好天气

（1）创建一个大小为 800×600 的文件，创建三个图层，备用。

（2）选择背景层，选择水彩笔里的干性水迹，选择淡绿色，绘制不同形状的椭圆，形成叠加的效果。

（3）同样方法，选择淡蓝色，绘制上方背景。

图 2-28　绘制背景层

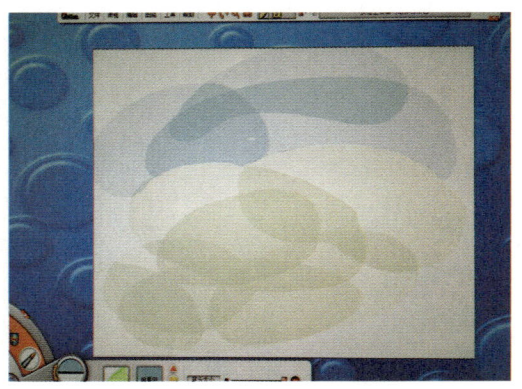

图 2-29　绘制上方背景

（4）选择图层二，选择水彩笔里的干性水迹，选择浅红色，绘制花朵；选择白色，绘制云朵。

（5）选择图层三，选择铅笔，黑色，绘制动物的轮廓，选择水彩笔里的干性水迹绘制动物及其身上的花纹、鼻子、耳朵和帽子、围巾的颜色。

图 2-30　绘制花朵

图 2-31　绘制动物

（6）继续在图层三上选择合适的颜色，选择水彩笔里的干性水迹，绘制太阳，选择铅笔，给太阳画上五官。

（7）调整完成作品。

图 2-32 绘制太阳并完成作品

绘制一幅水彩画，体会颜色渗化的美感吧！

# 第三章　渐入佳境——进阶篇

## 第一节　早　春

在画面绘制中，铅笔的深入刻画作用是不可替代的，所以熟练掌握铅笔绘制的技巧非常重要！

（1）创建一个大小为 800×600 的文件，备用。

（2）新建 2 个图层。

（3）选择喷笔灰绿色喷涂底色，选择深灰绿色和浅灰绿色，调整画笔大小，绘制朦朦胧胧的花草效果。

图 2-33　喷绘底色

图 2-34　绘制朦胧的花

（4）选择图层二，选择喷笔，选择合适颜色，配合调整透明度，绘制朦胧的花的效果。

（5）选择铅笔，调整粗细，选择合适颜色，绘制清晰的黄花。注意花茎部要有深浅变化，这样才能体现出花茎的立体感，花瓣也要有深浅变化。

（6）调整完成作品。

图 2-35 绘制清晰的花

图 2-36 完成作品

用彩铅绘制一幅风景画，体会一下风景画的作画特点。

# 第二节　传移模写

早在南朝时期，画家谢赫就创作了绘画理论著作《画品》，其序中提出的"六法"，现在仍然可以作为品评绘画的标准。这"六法"是：气韵生动，骨法用笔，应物象形，随类赋彩，经营位置，传移模写。可见临摹前人作品，吸取他们的优点为我所用，是古代画家学习绘画的一个方法。我们也来临摹一个作品吧！

（1）创建一个大小为 $800 \times 600$ 的文件，旋转画板到 90 度，新建 2 个图层备用。

（2）选择背景层，选择浅灰黄色，用倒色工具，全部倒色。

图 2-37 新建图层

（3）选择图层一，选择毛笔中的点线毛笔，勾勒石头的轮廓。选择特制笔的一号和四号，绘制石头的纹理，表现皴擦的感觉。颜色根据需要选择灰色或黑色。

（4）选择图层一，继续用毛笔中的标准毛笔绘制树的枝干，并用点线毛笔勾勒树的轮廓，注意颜色的调整。

（5）选择图层二，继续用毛笔中的标准毛笔绘制小鸟，题字。选择钢笔中的尖头钢笔绘制印章，注意选择合适颜色。

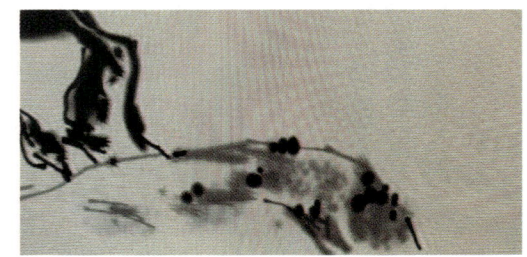

图 2-38 勾勒石头轮廓

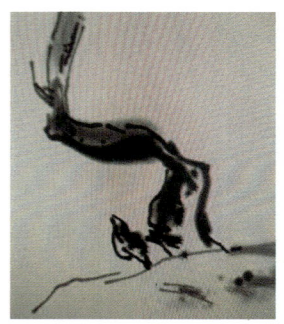

图 2-39 勾勒树的轮廓

图 2-40 绘制小鸟

图 2-41 题字

做一做

网上搜索一下中国古代著名的画家，有没有你喜欢的风格？临摹一幅，学习一下名家的技法吧！

# 第三节　静　物

　　静物是绘画入门训练的题材，也是很多画家喜欢表现的题材之一。尤其水粉静物以其灵活的形式、丰富的色彩表现力，深受人们的喜爱。在电脑绘画中，也可以实现这一效果！

　　（1）新建一个 800×600 的文件，建 4 个图层备用。

　　（2）选择深灰色，选择喷笔，喷涂画面背景，选择浅灰色喷涂画面前景，选择图层二，选择铅笔中的 2B 铅笔，勾画草稿。

　　（3）选择图层三，选择水彩笔中的平头水粉，选择合适颜色，绘制底色，注意先从主体物体暗部颜色开始画起。

　　（4）选择图层三，选择水彩笔中的平头水粉，选择合适颜色，继续深入物体的刻画，注意多个物体依次推进，注重整体关系，避免陷入局部。

图 2-42　勾画草稿

图 2-43　刻画物体

图 2-44　深入刻画物体

　　（5）选择背景层，画笔不变，选择合适颜色，刻画背景衬布。

　　（6）选择图层四，画笔不变，继续跟进细节刻画。

　　（7）选择背景层，画笔不变，选择合适颜色，刻画背景；选择图层四，深入细节，调整完成作品。

图 2-45  刻画细节                          图 2-46  完成作品

选择家里的一角，画一幅速写静物。

## 第四章　挑战自我——高级篇

### 第一节　可爱的妙妙

　　小动物是我们生活中温馨的伙伴。要想把它们重现在画面中，可是需要一定技巧的。一起来动手画一下试试吧！

　　（1）创建一个大小为 800×600 的文件，旋转画板到 90 度，备用。

　　（2）创建 6 个图层，备月。

　　（3）设置前景色为浅绿刍，选择喷笔，调整透明度，喷绘背景。

　　（4）选择图层二，铅笔画草稿；选择图层三，前景色选择灰色，调整喷笔大小，喷绘猫咪的底色，并根据明暗，随时调整颜色。

　　（5）选择特制笔里的毛发（1-6），调整大小和颜色画猫咪的毛，同时跟上眼睛的刻画。可以选择铅笔，颜色选择深蓝；选择喷笔，选择深灰色。

图 2-47　喷绘猫咪的底色

图 2-48　画猫咪的毛

喷涂底色，刻画前方的道具。

（6）选择浅灰色，放大画面，继续用特制笔绘制猫咪的毛，并用铅笔里的 HB 铅笔沿毛发方向勾勒。选择喷笔，调细，选择深棕色，刻画道具中间部分的暗部。

图 2-49 完成作品

（7）细节刻画的同时，根据需要放大画面，深入刻画。继续用铅笔，颜色选择浅蓝深入刻画眼睛，道具选择浅棕色刻画道具中间部分的亮部。选择特制笔，绘制道具两端的花纹。

（8）选择浅灰白色，放大画面刻画猫咪的毛发，提高猫咪面部、耳朵、胡须部分的亮度；选择白色，画猫咪眼睛的高光；选择特制笔提亮道具，并刻画质感。

（9）调整完成。

画一画身边的小动物，画种不限。

# 第二节 欧洲一隅

欧洲是一片美丽的大陆，具有浓郁的异域风情、独特的建筑风格和璀璨的艺术作品。一起来练习一下蜡笔里的不同选项，尝试再现油画棒的使用效果！

（1）新建一个 800×600 的文件，旋转画板到 90 度，建 6 个图层备用。

（2）选择图层二，铅笔起稿，注意画面的透视，近大远小。

（3）选择蜡笔里的圆头蜡笔，选择合适颜色，大面积涂色，尽量用大色块概括物体，区分大的明暗。

（4）选择铅笔，选择合适颜色，放大画面，刻画亮部细节，注意根据场

景选择蜡笔或者铅笔，交替进行刻画。在能深入的前提下多使用蜡笔，这样才能不失画面的整体风格。

图 2-50 勾画轮廓

图 2-51 交替刻画景物

（5）继续步骤 4 的方法，逐步刻画远处的景物，注意画面的近实远虚。远处的物体要刻画得隐约，模糊一点，这样画面的空间感才更强；注意远处的色彩要偏冷偏灰，符合空气透视的感觉。

（6）继续步骤 4 的方法，跟上右侧近景部分的刻画，注意门窗的透视，不要画反。

图 2-52 刻画近景

图 2-53 刻画细节

图 2-54 完成作品

（7）放大画面，沿用步骤 4 的方法，深入刻画近处的景物，进一步完善画面。

（8）调整完成。

画一栋自己喜欢的建筑物，注意画面的透视关系哦！

# 第三节 梦 境

在很多画面中，都会把人物或主体物放在一个场景中，因此掌握适当的场景绘制的技巧是很有必要的。在场景中，可以尝试大面积使用喷笔来绘制。

（1）创建一个 800×600 的文件，建 4 个图层备用。

（2）选择背景层，选择喷笔，调节粗细，选择合适的颜色，喷绘黑色部分；调整颜色（分别用到深蓝、浅紫、桔红等颜色），调节透明度，喷绘天空。

图 2-55 喷绘天空

图 2-56 绘制云朵

（3）选择喷笔，白色、浅灰、灰蓝等颜色，绘制云朵；选择白色提亮云朵亮部，可以局部用铅笔强化。

（4）选择图层三，选择喷笔，灰紫色，喷绘树的轮廓；选择铅笔，深灰色，绘制树的枝桠。

（5）选择背景层，印章工具，复制背景层的所有景物，选择图层二，粘贴所复制的内容。

图 2-57 喷绘树的轮廓　　　　图 2-58 绘制树的枝桠　　　　图 2-59 复制景物

（6）选择操作工具中的移动操作和组合操作，把图层二上的景物移动到合适位置。

（7）同样方法，选择图层三，复制树，选择图层四，粘贴树，并调整到合适位置。

（8）在图层四上，选择喷笔，黑色，将两个画面中间的空白部分喷绘好，选择深灰蓝、深灰红色，局部提亮一点山的投影部分；也可以选择白色，调低透明度，大面积扫一下整个投影，使画面感觉更好。

（9）调整完成作品。

图 2-60 粘贴树　　　　　　　图 2-61 做倒影　　　　　　　图 2-62 完成作品

想一下，印章工具还可以怎样使用？操作一下试试！

# 第四节　梧桐花开

荷兰画家伦勃朗是世界美术史上自画像最多的画家。他通过对不同时期自我的审视，完成生命的救赎。来画一幅自画像吧，感受一下画中的自我。

（1）新建一个大小为800×600的文件。

（2）建8个图层备用。

（3）在图层二上用铅笔起稿。

（4）在背景层按照画稿色调，选择喷笔，喷涂背景色。

（5）在图层三，用喷笔喷绘大的人物色块；用铅笔，选择合适颜色，跟上五官的刻画。

（6）在图层三，继续用喷笔，选择合适颜色，喷涂花的底色、人物的肤色、丝巾的底色。

（7）喷笔调细，选择合适颜色，依次深入刻画人物轮廓、花的轮廓，人物五官细节继续用铅笔跟进。

图 2-63 勾勒轮廓　　　　图 2-64 刻画人物与花　　　　图 2-65 调冷暖色

（8）选择喷笔，调整合适颜色和透明度，跟上背景和花的刻画。细节部分可以放大用铅笔深入刻画。

（9）选择图层四，放大画面，继续跟进细节刻画。注意背景人物的光影和冷暖色的变化。尤其背景刻画，既要有冷暖，也不要太强烈，可以多用喷笔，注意配合透明度的调节。

（10）选择图层五，放大画面，完成人物刻画，完善丝巾，添加眼镜等细节。

（11）调整完成作品。

图 2-66 刻画细节　　　图 2-67 完成人物刻画　　　图 2-68 添加眼镜

动手为自己或亲朋画一幅肖像画吧！

伦勃朗：欧洲 17 世纪最伟大的画家之一，也是荷兰历史上最伟大的画家。他的画作题材广泛，擅长肖像画、风景画、风俗画、宗教画、历史画等，绘画技法特点突出画面中强烈的明暗对比，这种暗部刻画被欧洲美术史家称为"紫金色的黑暗"。伦勃朗的一生可谓跌宕起伏。他的前半生事业有成，一帆风顺。中年时期因为名作《夜巡》不被雇主认可，双方对簿公堂。这一事件

导致画家的声誉受损，没有人再找他定制画作。伦勃朗的后半生逐渐落魄潦倒。在他众多的画作中，占比最大的是他的自画像。我们可以从这些自画像中窥见画家不同时期的生活风貌。

图 2-69 伦勃朗《夜巡》

图 2-70 伦勃朗《自画像》

 学 生 作 品

34 中 2020 级　纪尊耀

47 中 2020 级　刘格言

51 中 2021 级　刘倩

59 中 2021 级　霍欣怡

47 中 2020 级　郑文萱

51 中 2021 级　董艺葳

超银中学 2020 级　陶欣茹

弘毅中学 2021 级　王子鉴

# 数码摄影

# 第一章  摄影史简介

## 第一节  摄影术

摄影是指使用某种专门设备进行静态影像记录的过程。当然现在也出现了微动摄影，介于摄影和录像之间，类似动画效果。数码摄影一般使用数码照相机或者手机进行拍摄。摄影也常被人们称为照相，也就是通过物体所反射的光线使感光元器件曝光的过程。

曾经有人这样说过：摄影是把日常生活中稍纵即逝的平凡事物转化为不朽的视觉图像，也就是所谓的"决定性瞬间"。摄影一词源于希腊语，由光线和绘画、绘图两个单词构成，两字连在一起的意思是"以光线绘图"。那么摄影到底是怎么来的，它与绘画又有什么不解情缘？下面我就来给大家介绍一下！

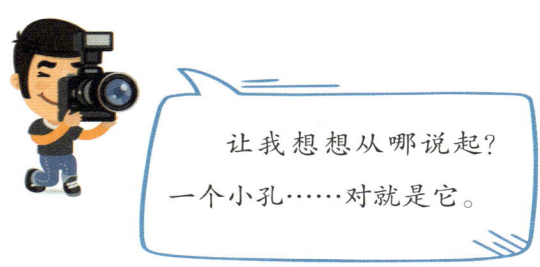

让我想想从哪说起？

一个小孔……对就是它。

1991 年阿尔玛·达文波特所作的《摄影史概论》是这样说的："是中国一个名叫墨翟的人留下了他在公元前 4 世纪期间对光线观察的记录。他注意到物体的反射光线透过一个小孔投射到一个黑暗表面上时，在这个黑暗表面

上得到物体的一个倒立的影像，并记载了下来。这是'摄影'历史的开端"。
小孔成像的发现把光和画，更准确地说把光和影像联系了起来。

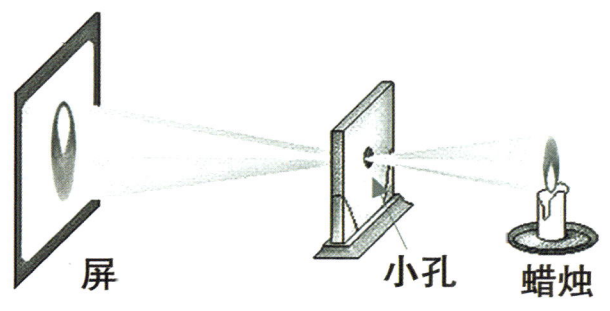

图 3-1 小孔成像

等等，墨翟是谁？

墨子听说过吧？墨翟就是墨子！

16 世纪，文艺复兴时期，人们开始使用一个镜头代替暗箱上的小孔，影像的清晰度和亮度都得到加强。巴布罗也曾对相机作过最早的描述：如果在一个盒子的一端装一个小镜头，另一端装一片未经打光的毛面玻璃。光线经过镜头后能在毛面玻璃上形成景物的影像，就像人眼观看景物时光线在视网膜上形成景物的影像一样。

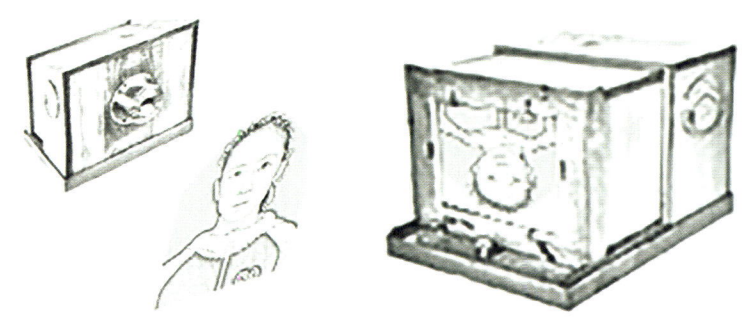

图 3-2 镜头成像

在研制出对光线敏感的材料和找到对这些材料感光后的处理方法并最终把影像保留下来之前，巴布罗的描述只能是对后来照相机的一个设想。

等等！一个设想……？那上面那个盒子是干嘛用的？

别着急,继续往下看！

那和摄影有啥关系？

画画啊！没看到玻璃上的影像吗？可以照着画或者描！

1827 年，法国一个做印刷但不会画画的工匠尼埃普斯就想，如果不画就能得到图像就好了。于是他把溶化了的白沥青（在阿拉伯出产的一种白色沥青，在日光的曝晒下会逐渐硬化）涂在铅锡合金的金属板上，代替玻璃板放在那个盒子中。把盒子对着阳光下明亮的物体长时间曝光，光线强的地方沥青硬化定型，暗的

图 3-3 人类历史上的第一张照片

地方沥青不硬化。取出金属板用薰衣草油洗，没硬化的沥青被洗去，留下硬化了的沥青，在黑色金属板的衬托下显示出黑白对比的模糊影像。他用这个方法，将暗箱放在他故乡法国小城房间的窗户外面，对着院子经 8 小时曝光得到了世界上第一张由光线直接在材料上描绘成的影像，也就是世界上第一张由摄影得到的照片。也有人认为那不是第一张照片，因为这个方法尼埃普斯称之为阳光绘画（heliography）。

正当尼埃普斯在埋头苦干时，达盖尔出现在了他面前，要和他一起合作研究，于是俩人一起研究。结果尼埃普斯直到去世也没再出成绩。达盖尔之后换了金属板——银版，取得了非常好的效果，并且迅速风靡在欧洲贵族间。

图 3-4　达盖尔拍摄的画室

1839 年 8 月 19 日法国科学与艺术学院买下达盖尔摄影法并对全世界宣告发明了一项技术——摄影术。从此"摄影"一词也诞生了。摄影，或者说是照相，并不是一个人或几个人的发明创造，而是经过无数人的研究和探索逐渐提高并达到今天这样完美的程度的。

图 3-5　负片（底片）

期待已久的数码时代终于来了！

人们在经历了金属板——玻璃板——胶卷之后，迎来了数码时代！

就是它——CCD！

1969 年，贝尔实验室的研究员率先发明了 CCD 器件的原型。

当时发明 CCD 的目的是改进存储技术，元件

图 3-6　CCD

本身也被当作单纯的存储器使用。随后人们认识到，CCD 可以利用光电效应来拍摄并存储图象。

CCD 阵列是由喷气推进实验室于 1972 年研制成功的，尺寸是 100×100 像素。

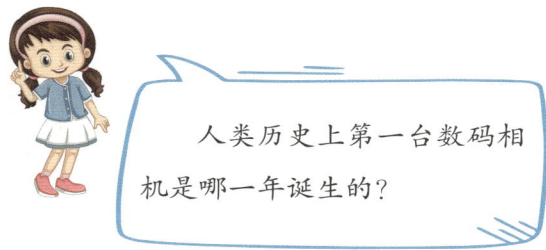

人类历史上第一台数码相机是哪一年诞生的？

赛尚（Steven Sasson）1973 年硕士毕业后即加入柯达，成为一名应用电子研究中心的工程师。1974 年，他担负起发明"手持电子照相机"的重任。次年，第一台原型机在实验室中诞生，他也成为"数码相机之父"

图 3-7 第一台数码相机

虽然现在的手机成像质量日益提高，功能越来越强大，但是到目前为止它仍然在很多地方远不如照相机。

下面就让我们一起来看看现在的数码相机吧！

1975 年，在美国纽约罗彻斯特的柯达实验室中，一个孩子与小狗的黑白图像被 CCD 传感器所获取，记录在盒式音频磁带上。这是世界上第一台数码相机获取的第一张数码照片，影像行业的发展就此改变。

图 3-8 第一张数码照片

# 第二节　摄影术的应用

摄影术逐渐被许多绘画家用于绘画创作，即摄影术成为了绘画创作的一部分。随着时间的推移、人类社会的不断发展，摄影术迎来了属于自己的一片天地。从客观记录城市外貌到主观进行画意摄影创作，从记录战争、社会百态到后现代概念摄影的形成，摄影术都对社会的发展发挥了巨大的作用。

摄影术因其精确性和客观性获得了人类学家的青睐，成为人们获取不同民族和文化的生活方式和知识的工具。

图 3-9　爱德华·柯蒂斯《爱斯基摩的成人与儿童》

图 3-10　马修·布雷迪《第一天战斗场上的阵亡士兵》

摄影也成了一种让人们可以旁观战争的方式。这种方式也悄悄地改变和影响了人们对于战争的看法。

图 3-11 法国著名作家——乔治·桑的肖像照。摄影师——纳达尔。拍摄于1864 年。

人像摄影是摄影术应用的一个重要组成部分，在其形成阶段以法国摄影家纳达尔的作品最为耀眼。他的肖像摄影以纯净的布光和凝重的姿势为一代精英传神写照，见证了一个时代文化名人的音容笑貌。

连续动体照片在精确地再现人与动物的运动全过程的同时，也使人类视觉的缺陷及其在造型艺术表现上的种种想当然的错误暴露无遗。麦布里奇的革命性视觉实验不仅改变了人们对运动的认识，更为电影的发明提供了最基本的理论根据，因此被称为"电影之父"。

图 3-12 麦布里奇《奔跑》

# 第三节　部分摄影流派

随着社会发展以及人类意识的更迭，摄影术在短短的时间内产生了多种不同风格。从开始与绘画的不可分割，到后来开创自己独立的艺术地位，有着无数摄影家不断的思索和不懈的实践。通过图片，我们可以了解东西方不同的社会形态，以及摄影家不同的视角。

## 画意摄影

在 19 世纪末 20 世纪初的欧洲与美国，主张从形式到内容都模仿绘画的意境和意趣的画意摄影（Pictorialism）一度兴盛。

图 3-13　斯蒂格利茨《驿站》

## 视觉样式摄影

1919 年，在德国魏玛，一所全新概念的设计学院——包豪斯设计学院建成。它追求一种将建筑、美术、表演、设计等糅合在一起的综合型造型表现，其中就包括了当时尚属年轻的视觉样式摄影。

图 3-14　莫霍利·纳吉《物影照片》

### 超现实主义

20世纪二三十年代，从艺术上反叛旧世界与传统价值观念的达达主义与超现实主义可谓是代表性的国际性先锋艺术运动。

图 3-15 曼·雷《天使之泪》

### 纪实摄影

1940 年，美国摄影家罗茜娅·兰格在一篇文章中写到："纪实摄影记录我们时代的社会场景。它映照现在，为将来保留文献。它展现的不只是它们的外表，而且追求揭示它们运转于其中，吸收生命、保持忠诚，以及影响人类行为的样式。它关心的是人的工作方式以及工人之间的、工人与雇主之间的相互依靠。它非常适合建立一种变化的记录。"

图 3-16 兰格《流民母子》

### 新闻报道摄影

就摄影来说，其本身的发展始终与摄影器材的进步联系在一起。小型相机的问世给新闻报道摄影的发展带来了真正意义上的曙光，现代意义上的新闻报道摄影也因此获得了长足的进步。

图 3-17 卡帕《西班牙共和军士兵之死》

1952 年，摄影集《决定性瞬间》面世。书中的图片都是由一个名叫亨利·卡蒂埃·布列松的法国人所拍摄。

图 3-18 卡蒂埃·布列松《雅尔》

### 构成摄影

从 20 世纪 70 年代开始到 20 世纪 80 年代，许多当代艺术家运用摄影这个媒介，在自己的摄影棚里进行创作。他们把拍摄素材云集摄影棚，组成装置后再加以拍摄，这就是所谓的构成摄影。

图 3-19 贝尔纳·弗孔《自拍像》

从 20 世纪 60 年代开始到 20 世纪 70 年代中期，观念艺术在西方风行一时。艺术家使用物质、语言和照片来表达艺术家的想法。

图 3-20 史密逊《螺旋形防波堤》

 第二章　**认识数码相机**

## 第一节　数码相机

数码相机（Digital Camera，简称DC），是一种利用电子传感器把光学影像转换成电子数据的照相机。数码相机与普通照相机在胶卷上记录图像的原理不同，数字相机的传感器是一种感光元器件（CCD或互补金属氧化物半导体CMOS）。图像在传输到计算机以前，通常会先储存在数码存储设备中。

它主要有以下特点：

**优点：**

（1）拍照之后可以立即看到图片，从而提供了对不满意的作品立刻重拍的可能性，减少了遗憾的发生。

（2）只需为那些想冲洗的照片付费，其他不需要的照片可以删除。

（3）色彩还原和色彩范围不再依赖胶卷的质量。

（4）感光度也不再因胶卷而固定，光电转换芯片能提供多种感光度选择。

**缺点：**

（1）由于通过成像元件和影像处理芯片的转换，成像质量相比胶片相机缺乏层次感。

（2）由于各个厂家的影像处理芯片技术不同，成像照片表现的颜色与实际物体会有不同。

（3）由于中国缺乏核心技术，后期使用维修成本较高。

数码相机都一个样子吗？

数码相机形状各异，本领也不相同。下面我就来介绍一下。

大部分人都知道相机有单反相机（画质好）、单电相机、微单相机（体积小）、长焦机（拍得远）、卡片机（廉价）、三防机（不怕水）等。让我们来认识一下它们吧！

### 单反

单镜头反光式取景照相机的简称。用一块放置在镜头感光元器件间的镜子把来自镜头的图像投射到取景器上。大部分单镜反光相机通过目镜观察五棱镜反射来的图像。单反结构还可以让系统高速对焦，同时视差很小，所以单反相机才能成为目前光学取景相机的绝对主流。

五面镜或五棱镜　　　　　　取景器

反光镜

红色线为景物进入相机的反射路线

图 3-21 单反相机

### 旁轴

旁轴平视取景照相机的特点是取景系统与成像系统不相联系，有视差，但结构简单，价格便宜。

### 单电

单镜头电子取景器相机和传统单镜头反光板相机不同的是，单电相机采用半透明固定反光板设计和电子取景器设计。

图 3-22　单电相机

### 微单

微单没有反光镜和五棱镜，但有一个独立的电子眼平取景器，是无反光镜系统的可换镜头相机。微单相机取消了固定反光镜系统这个设计，换来小巧的机身体积和便携的使用体验。

### 普通卡片机

指普通的小型数码相机，拥有小巧的外形、相对较轻的机身、超薄时尚的设计。

取景器

图 3-23　普通卡片机

### 三防相机

几乎每个品牌的三防相机都会有一定强度的防水、防尘功能。这类相机最大的好处就在于它完全不受环境限制，也许会附带 GPS，甚至可以潜水拍照。缺点就是成像方面往往比相同价位的相机略差，但是如果你经常去野外玩，这的确是个好选择。

图 3-24　三防相机

数码相机可远不止这些，比如 3D 相机、长焦相机等。下面我就以单反为例给你详细介绍一下。

因为图像质量高、镜头可选择、可手动控制、可自动对焦、专业认可等优势，大部分专业摄影师都使用单反拍照。单反相机也被人们称为专业相机。

# 第二节　数码相机的种类

单反相机拍摄的照片质量相对其他类型的相机来说有其不可替代的优点。下面就让我们来认识一下吧！

与相机的画质指标息息相关的就是画幅。由于目前的相机已经全面进入了数码化，所以画幅实际上就是传感器的尺寸。

目前传感器尺寸可以从大到小简单地分为以下几类：

### 全画幅

特指 135 型照相机，感光元件面积为 24×36mm 左右，这类属于专业机。

### 中画幅

传统的 120 相机画幅，这类较为专业，价格贵。

### APS-C 画幅

通常被认为是半画幅，大概为全画的 1/1.3 ～ 1.6。

### 小 DC

小型数码相机。

图 3-25　135 型照相机

图 3-26　120 相机

随着数码相机的迅速普及，取景器也迅速朝着全电子化方向发展。目前大多数相机在取景方式上已电子化。取景方式可以简单分为两类——光学取景器相机和电子取景器相机。

### 其他类

**长焦相机**——顾名思义就是带有一定程度长焦的相机，一般来说只要变焦倍率大于 10 倍都算是长焦机。长焦机最大的好处就是可以拍摄到非常远的物体。尤其是一些焦距大于 35 倍的长焦相机，甚至可以拍摄到月亮。

**3D 相机**——可以算作目前的一种潮流，很多普通相机都会附带 3D 功能。这类相机可以拍摄下真实度非常高的 3D 照片，不过这类相机也存在一个问题，那就是非常不利于分享照片。

图 3-27 长焦相机

图 3-28 3D 相机

# 第三节　数码相机构造

相机主要由镜头、机身、光圈、快门、取景器、显示屏、对焦、测光系统等组成。

**镜头**：按焦距分为鱼眼、广角、标准、长焦四类。

按结构分：定焦、变焦、折反、移轴、微距等。

**标准镜头（简称标头）**：指焦距长度接近或等于底片 / 传感器对角线长度的镜头。以全幅 135 单反相机来说，对角线的长度为 50mm，"标头"焦距就

是 50mm。当然，画幅不同的相机，标头的焦距也有所不同，如 120 相机的"标头"焦距为 75mm。它们的视角都接近人眼的正常视角。因此"标头"与人眼观看的效果类同，显得特别亲切、自然。

**定焦镜头**：焦距固定不变的镜头则称为"定焦镜头"。

**广角镜头**：指焦距短于视角、大于"标头"的镜头。以全幅 135 单反相机来说，焦距在 30mm 左右、视角在 70 度左右的镜头称为"广角镜头"。焦距小于 22 mm、视角大于 90 度的镜头称为"超广角镜头"。

**长焦镜头**：指焦距长于、视角小于"标头"的镜头。以全幅 135 单反相机来说，焦距在 200mm、视角在 12 度左右的镜头称为"远摄镜头"。焦距在 300mm 以上、视角在 8 度左右的镜头称为"超远摄镜头"。

图 3-29 标准镜头

图 3-30 广角镜头

图 3-31 长焦镜头

多知一点

长焦镜头的特点：a.景深小，容易获得主体清晰、背景虚化的画面效果。b.视角小，能够获得远处主体较大的画面且不干扰被摄对象。广泛地用于户外野生动物的拍摄。c.压缩了画面透视的纵深感，拉近了前后景的距离。d.影像畸变较小，广泛地用于人像摄影。

**鱼眼镜头：**一种极端的超广角镜头，以全幅 135 单反相机来说，焦距在 16mm 以下，视角在 180 度左右的镜头就可称为"鱼眼镜头"。

图 3-32 鱼眼镜头

**变焦镜头：**指焦距在一定范围内可自由调节的镜头。

图 3-33 变焦镜头

多知一点

　　70-200mm 的称为中远变焦镜头，200-500 的称为远摄变焦镜头。当然，也有不少镜头囊括了广角至中焦、甚至远摄的范围，如 18-200mm、28-300mm 等。变焦倍率有 2 倍（例如 35-70mm）、3 倍（如 70-210mm）、5 倍（28-135mm）、7 倍（28-200mm）、10 倍（50-500mm）等。总体来说，变焦范围越大，体积相应较大，画质相对较低，光圈相对稍小。

**微距镜头：**是指能用来微距或近距摄影的专用摄影镜头。微距镜头是以专门拍摄微小被摄物或翻拍小画面图片为目的的摄影镜头。这种镜头分辨率相当高，畸变像差极小，且反差较高，色彩还原较好。微距摄影镜头在近摄时具有很不错的解像力，可在整个对焦范围内保持成像质量不发生太大的变化。

图 3-34 微距镜头

**相机机身：**是相机的主体。机身上的主要装置及其功能如下。机身有塑料机身，还有镁合金机身。其实主要看的还是性能，防水滴、防尘，镁合金的机身可以起到静电屏蔽作用，对机器内部的保护也很到位。

图 3-35 相机机身

专业摄像机机身上可以安装多种装置，以增强其功能和适应不同的拍摄需求。以下是一些常见的装置：

（1）镜头遮光罩：用于防止杂光进入镜头，提高画面质量。

（2）LCD 液晶屏显示器：用于实时监看拍摄画面。

（3）取景器及大号眼罩：提供舒适的观看体验，尤其在强光环境下。

（4）遮光斗：进一步防止杂光干扰，提高画面质量。

（5）连供电池：提供更长的拍摄时间。

（6）调焦器：方便进行精确的焦距调整。

（7）双多功能（MI）热靴：为兼容的索尼配件提供电源连接、信号连接，可以连接无线麦克风系统或摄影灯等。

（8）双 XLR 音频输入接口：提供专业音频录制功能。

（9）双 SxS 介质存储卡插槽：提供多种录制模式，如同步、自动切换或双卡独立录制。

（10）OLED 寻像器：提供高对比度和高清晰度的画面监看。

（11）USB 接口：用于连接电脑或其他设备，进行数据传输或远程控制。

（12）有线局域网接口：用于连接网络，进行远程控制或文件传输。

（13）Wi-Fi/NFC：无线连接功能，方便远程控制和文件传输。

（14）手柄：提供更好的握持和操作体验。

这些装置可以根据拍摄者的需求和特定场景进行选择和安装，以提升拍摄效果和操作便利性。

**快门：**控制进光量的阀门，可调节。如：1 秒、1/8 秒、1/15 秒、1/30 秒、1/60 秒、1/125 秒、1/500 秒、1/1000 秒等。主要作用：一是通过快门开启时间的长短控制曝光时间，从而与光圈一起控制曝光量；二是控制照片影像的清晰度和动体表现。

图 3-36 镜间快门：又称叶片快门或中心快门

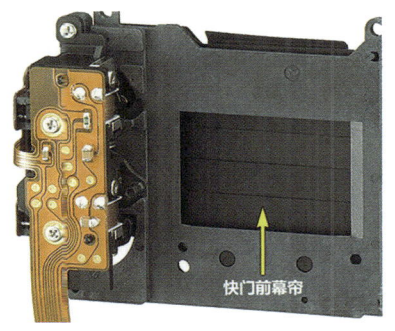

图 3-37 焦平面快门：也叫帘幕快门

B 快门：当快门钮按下时，即开启快门，直到放开快门钮才将快门关闭，这种快门称作 B 快门。

T 快门：与 B 快门功能一样，只是于第二次按下快门钮才将快门关闭。较常见于传统机械式单眼相机，目前大部分相机已无此装备。

X 快门：通常是指闪光灯同步开启的快门。

**光学取景器：**又称旁轴平视取景器，常安装在镜头的斜上方或是正上方。因其具有"直接观看、无延迟、自然视角、不受电量限制、对焦辅助、景深预览、简单可靠、适合快速拍摄"等特点，即使在电子取景器盛行的时代，光学取景器仍然占有一席之地。

图 3-38 光学取景器

**电子取景器:** 电子取景器（EVF）是一种现代相机技术，它通过电子显示屏提供实时的图像预览，主要特点包括：实时图像预览、数字信息显示、可调整亮度和对比度、支持多种图像模式、低光环境下表现良好、可能存在轻微的显示延迟、需要电源支持、可以

图 3-39 电子取景器

模拟光学取景器的视角、通常较小且易于携带、与相机的自动对焦系统集成、允许通过触摸屏幕进行对焦和拍摄、提供更灵活的构图和拍摄选项。

**光圈:** 光圈是一个用来控制光线透过镜头进入机身内感光面的光量的装置，它通常是在镜头内。我们可以通过在镜头内部面积可变的孔状光栅来控制镜头通光量，这个装置就叫作光圈。

图 3-40 光圈

光圈的主要作用：一是控制通光量，从而达到控制曝光量的目的，这是光圈最基本的作用；二是控制被摄物体在照片上的景深；三是控制照片的成像质量。

光圈大小值由"f"表示，"f"=镜头的焦距/镜头的有效口径的直径。

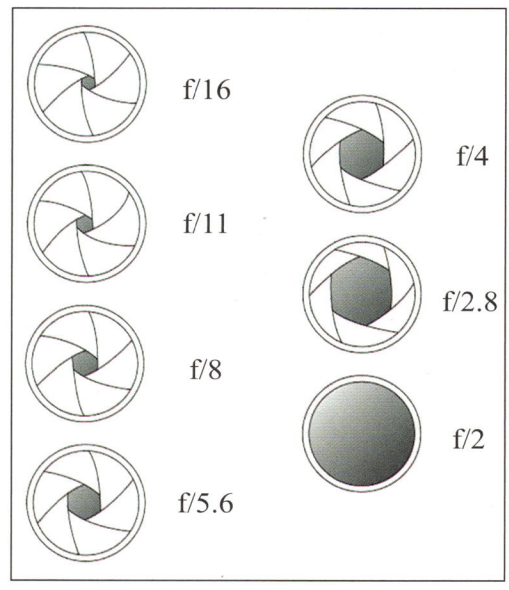

图 3-41 光圈部分口径展示

许多数码相机在调整光圈时，可以做 1/3 级的调整。f 后面的数值越小，光圈越大。光圈的作用在于决定镜头的进光量。光圈越大，进光量越多；反之，则越小。简单说就是，在快门速度（曝光速度）不变的情况下，光圈 f 数值越小光圈越大，进光量越多，画面比较亮；光圈 F 数值越大，光圈越小，画面比较暗。

**对焦系统：** 所谓对焦系统，简单说跟人眼的生理功能差不多，是一种模仿人眼功能的模块。对焦点越多，对于抓拍越有利，特别对运动物体很有效。当然 51 点的系统远胜于 11 点，对焦干脆利落，毫不延迟。

对焦方式如下图所示：

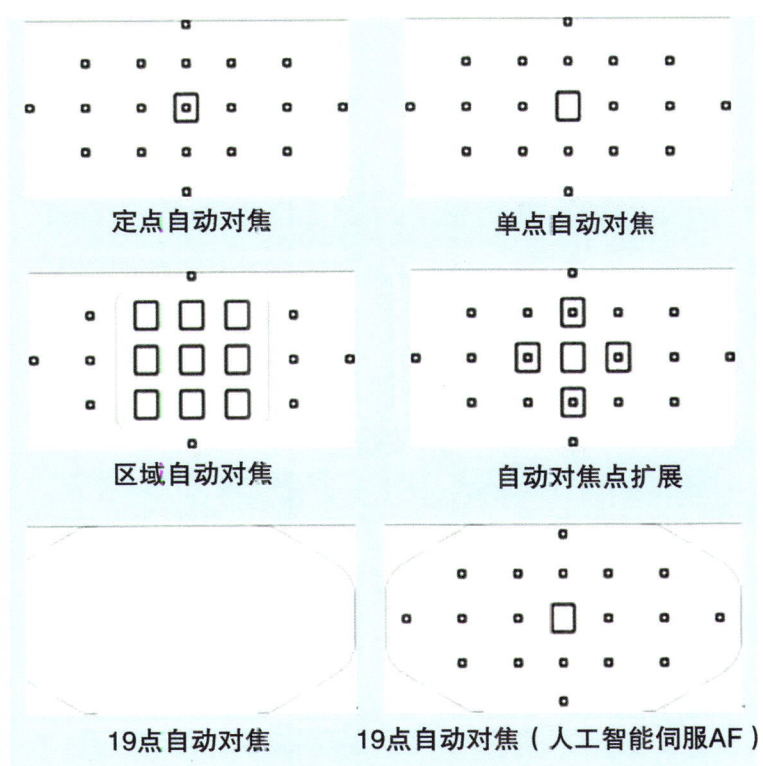

图 3-42 对焦方式示意

**测光系统：** 为使测光结果稳定和便于比较，对测光所用设备、器件和方法作出种种特殊规定。

测光方式：平均测光、中央重点测光、点测光三种。

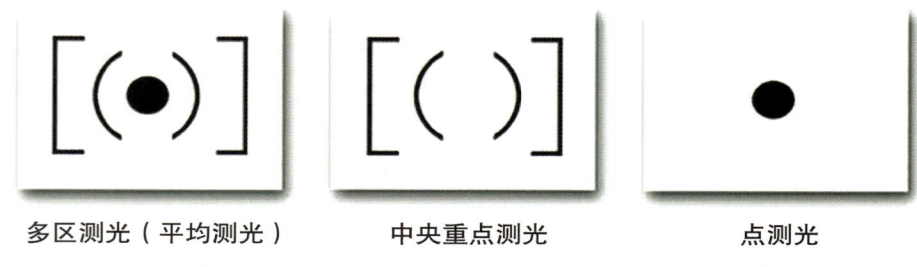

| 多区测光（平均测光） | 中央重点测光 | 点测光 |

图 3-43 测光方式示意

平均测光：对整个画面进行综合测光。

中央重点测光：对画面中间大部分进行曝光控制，拍摄主题处于画面中间时可采用此方式。

点测光：用于对画面的某一小区域进行精确曝光控制，在拍摄人像时经常对人脸点测光。

## 景深

在对焦完成后，在焦点前后的范围内都能形成清晰的图像，这一前一后的距离范围，便叫作景深。

光圈、镜头、拍摄物的距离是影响景深的重要因素：

（1）光圈越大，景深越浅；光圈越小景深越深。

（2）镜头焦距越长，景深越浅；反之景深越深。

（3）主体越近，景深越浅；主体越远，景深越深。

# 第三章　数码相机使用

## 第一节　数码相机主要功能介绍

### 一、相机的组成

机身

镜头

图 3-44 相机组成

### 二、相机各部分名称

内置闪光灯 / 自动对焦辅助光发射器

闪光同步触点

模式转盘解锁按钮

模式转盘

电源开关

热靴

自动对焦操作 / 自动对焦方式选择按钮

驱动模式选择按钮

自动对焦区域 / 自动对焦方式选择按钮

主拨盘

液晶显示屏照明按钮

测光模式选择按钮

ISO 感光度设置按钮

液晶显示屏

图 3-45 相机正面各部分名称

屈光度调节旋钮

扬声器

眼罩

取景器目镜

菜单按钮

信息按钮

多功能控制钮 1

屏幕

速控转盘

回放按钮

删除按钮

实时显示拍摄 / 短片拍摄开关

开始 / 停止按钮

自动对焦启动按钮

自动曝光锁 / 闪光曝光锁 / 索引 / 缩小按钮

自动对焦点选择 / 放大按钮

数据处理指示灯

速控按钮

设置按钮

多功能锁开关

多功能控制钮 2

图 3-46 相机背面各部分名称

数码相机在实际使用中提供了多种功能，以满足不同的拍摄需求和创意表达。以下是结合数码相机使用的一些功能介绍：

（1）图像捕捉：数码相机的核心功能，通过高分辨率传感器捕捉清晰、细腻的图像。

（2）即时预览：拍摄后立即在相机的 LCD 屏幕上查看照片，方便检查构图、曝光等。

（3）多种拍摄模式：自动模式适合快速拍摄，而手动模式（如光圈优先、快门优先、手动模式）允许摄影师控制光圈、快门速度和 ISO，以适应不同的拍摄环境和创意需求。

（4）场景模式：相机内置的场景模式，如人像、风景、夜景、运动等，简化了设置过程，帮助用户在特定场景下获得理想的照片效果。

（5）连拍模式：在需要捕捉快速动作或瞬间表情时，连拍模式可以快速连续拍摄多张照片，提高获得理想照片的机会。

（6）定时拍摄：设置定时器后，相机会在预设时间后自动拍摄，适合自拍或长时间曝光摄影。

（7）图像编辑：许多数码相机允许用户在相机内对照片进行基本编辑，如裁剪、旋转、调整亮度和对比度，甚至应用滤镜效果。

（8）图像稳定：内置的防抖技术可以减少由于手抖引起的模糊，提高拍摄质量。

（9）自动对焦：快速准确地对拍摄对象进行对焦，确保图像清晰。

（10）曝光控制：通过调整曝光补偿，用户可以控制图像的亮度，以适应不同的光线条件。

（11）ISO 设置：调整感光度，以适应不同的光线环境，从明亮的户外到昏暗的室内。

（12）白平衡：调整相机的色温，以确保在不同光源下颜色的准确性。

（13）RAW 格式拍摄：提供高质量的原始图像数据，便于后期编辑和优化。

（14）JPEG 格式拍摄：一种压缩的图像格式，适合快速分享和存储。

（15）HDMI 输出：通过 HDMI 连接到电视或显示器，方便查看或展示照片和视频。

（16）Wi-Fi/ 蓝牙连接：无线传输图像到智能设备，或通过智能设备远程控制相机。

（17）GPS 定位：记录照片的拍摄地点，便于管理和分享。

（18）内置闪光灯：在光线不足的情况下提供额外的光源。

（19）外部闪光灯接口：连接外部闪光灯，以获得更专业的照明效果。

（20）多重曝光：在同一张照片上叠加多次曝光，创造独特的艺术效果。

（21）全景拍摄：自动拼接多张照片，形成宽广的全景图像。

数码相机的这些功能使得它不仅是记录图像的工具，更是摄影师表达创意和捕捉生活瞬间的伙伴。无论是专业摄影师还是摄影爱好者，都可以根据自己的需求和喜好，选择合适的功能来提升拍摄体验。

图 3-47 伺服约 10 张 / 秒的高速连拍定格激烈运动被摄体的精彩瞬间

图 3-48 全自动对焦

图 3-49 视野率约 100% 的高性能光学取景器

图 3-50 检测人物面部信息，提高被摄体追踪性能

# 第二节　数码相机使用

## 一、对焦

**问题：**如何操作才能让画面变清楚？

AF：自动对焦
特点：快

MF：手动对焦
特点：自主

图 3-51 对焦方式按钮

## 二、曝光模式

1. 选择光圈优先模式，设置不同的光圈值分别对同一人物画面进行拍摄，比较画面效果。

2. 选择快门优先模式，设置不同的快门值分别对同一运动画面进行拍摄，比较画面效果。

图 3-52 光圈模式选择

## 三、相机握持姿势

### 1. 握持相机着力点

握持照相机的方法要兼顾照相机的稳定与"可持续"作用，所以动作要求是：找到关键的用力点和保持肢体的自然、舒展。

（1）左手掌从下托住照相机底部，手指握住照相机镜头，形成第一个握持用力点。

（2）右手要适当放松，主要靠它托稳照相机，实现功能调节和按动快门钮。

图 3-53 相机握持示意

### 2. 按动快门的基本要领

（1）右手的持握不宜用力太大，以大拇指与中指夹紧照相机，尽量解放食指，其余二指自然搭放。

（2）按动快门前及过程中屏住呼吸（注意：是"屏气"不是"憋气"）。

用眉骨和鼻子贴靠在照相机的后背，形成第二个抵靠用力点；左手臂抵靠在胸前，形成第三个支撑用力点。三个用力点形成的三角形能为照相机提供较为稳定的支撑。

（3）食指自然搭在快门钮上，半按下快门做预备，时机到来时，即轻点快门。动作一定要轻按，避免用力过猛和敲击快门。

### 3. 拍摄姿势要正确

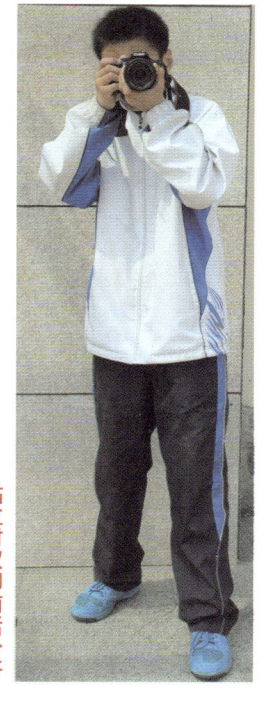

站立时双脚前后分开

半蹲身体利用膝盖支撑肘部

坐在地上利用膝盖支撑双肘

趴时利用身体和双肘支撑相机

图 3-54 拍摄姿势示意

## 四、相机使用步骤

（1）装存储卡

（2）装电池、开机

（3）选择对焦模式

（4）选择拍摄模式

（5）变焦取景（取下镜头盖）

（6）半按快门释放按钮（自动对焦、测光）

（7）全按快门释放按钮（拍照）

（8）播放（按播放键回看）

图 3-55 相机使用步骤

多 知 一 点

## ISO 感光度

在数码相机中，ISO 表示 CCD 或者 CMOS 感光元件的感光速度。ISO 数值越高就说明该感光元器件的感光能力越强。ISO 的计算公式为 H×S=0.8（S 感光度，H 为曝光量）。从公式中我们可以看出，感光度越高，对曝光量的要求就越少。变形公式为 H=0.8/s，相同曝光量的前提下，ISO50 时的曝光时间为 ISO100 时的曝光时间的两倍。常用的 ISO 值有 50、100、200、400、1000 等。ISO50、ISO100 在光线充足的情况使用，而高 ISO 值在光线不足的情况下使用。

一般情况下，ISO 值越低，相片的质量越高，相片的细节表现得越细腻。ISO 值越高，相片的亮度就越高，而相片的质量会随着 ISO 值的升高而降低，噪点会变得越来越严重，但高 ISO 值可以弥补光线的不足。

## 五、相机维护保养

**防尘**——灰尘进入相机内部后就有可能损坏相机和镜头，给相机的正常使用带来隐患。所以，镜头最好长期加戴UV镜，遇到有灰尘的地方应把相机收起。

**防水**——在雨天、海边摄影时，要注意不要让水溅到相机上；在喷泉及瀑布旁边拍摄时，要注意风向，不要让水珠溅落到相机上。

**防震**——相机与其他硬物相撞，或者使用者一时失手跌落相机，都有可能造成相机的损坏。

**防蛮力**——对照相机的操作要轻柔，不可硬扳强摁，以防日久造成隐性损坏。

**防火星**——拍摄电焊以及节日、婚礼燃放的礼花和鞭炮时，要注意防止飞窜的火花飞溅到相机上灼伤镜头、机身。

**防潮**——如果长期把相机放置于潮湿的环境中，就有可能引起镜头发霉。轻则会造成通光量减少，重则会产生大量霉斑，使相机不能使用。

第四章　　摄影小技巧

## 第一节　构　图

"构图"一词在《辞海》中为"造型艺术"术语，即艺术家为了表现作品的主题思想和美感效果，在一定的空间安排和处理人、物的关系和位置，把个别或局部的形象组成艺术的整体。这一词在中国传统绘画中被称为"章法"或"布局"。

### 一、构图的三个基本原则

#### 1. 要有鲜明的主题

图 3-56　鲜明主题示例

## 2. 有突出的主体

图 3-57 主体突出示例

## 3. 画面要简洁

好的照片，画面必须简洁，也就是去掉那些可能会分散注意力、消弱主题的因素。

我们用四则运算里的减法来形容摄影。所谓减法就是减掉画面中那些多余的会分散观赏者注意力的部分，让主要的人或物在画面中处于支配和主导的地位。

图 3-58 简洁画面示例

拍照过程中尽量让你想要表达的中心物体在画面中占有较大的面积。这个时候可以借助相机镜头的变焦功能，或者使用较长的镜头，最重要的是要敢于走近被拍物体。翻出自己以前拍的照片，然后找到一样的场景把中心物体放大一些进行拍摄，对比不同构图的照片，就能明显感觉到画面简洁的优势。

图 3-59 卡蒂埃·布列松《偷看》

这张照片是法国摄影大师卡蒂埃·布列松的作品。照片由一块布作为背景，主题"偷看"则是通过人物肢体语言体现。照片的主题是由趣味中心来传达的，而趣味中心的突出则是由简洁的背景衬托出来，因此我们可以总结出：构图的三个原则是相辅相成的。

看看下面的两幅照片，利用我们刚刚学过的构图三原则来分析一下，找出这些照片的亮点吧！

图 3-60 卡蒂埃·布列松《雨中的芭蕾舞者》

图 3-61 马克·吕布《埃菲尔铁塔的油漆工》

## 二、经典 构图法

（1）平衡式构图能让人从视觉心理上感到满足。画面结构完整，中心物体安排巧妙，对应而平衡。

图 3-62 平衡构图

（2）对称式构图具有平衡、稳定、相呼应的特点。缺点是缺少变化而显得有些呆板。

图 3-63 对称式构图

（3）变化式构图将中心物体放在照片中的某一角或某一边，给观赏者留下一个可以联想的空间，这种构图富有趣味和情趣。

图 3-64 变化式构图

（4）对角线构图是一种比较基本常见的构图方式，能充分利用画面对角线的长度，来体现照片中心物体的律动感。

（5）景物在照片中呈交叉趋势，交叉点有时出现在画面中，有时延展到画面外，当交叉点出现在照片内时，通常景物会出现十字型特征，或有类似角度的夹角图形。

图 3-65 对角线构图

图 3-66 十字型构图

（6）利用椭圆形进行构图，能够给观赏者一种饱满的整体感，并能产生收缩、运动的视觉效果。

图 3-67 椭圆构图

（7）利用视觉中三个中心物体的位置形成一个三角形的方法称为三角形构图法。

图 3-68 三角形构图

（8）九宫格法是构图中最基本的构图方法之一。现在许多数码相机在拍照时可以设置出这个格子来帮助构图。

图 3-69 九宫格法构图

（9）当照片中的物体成 S 形分布时，我们称这种构图方式为 S 形构图法。这种构图的方式给人一种物体在延长、变化的特点，而使照片有一种韵律感，也能体现"S"本身的优雅感。

图 3-70 S 形构图

拓展

抓拍瞬间的表情可以给人意想不到的效果，在拍照时不妨夸张一次。下图这样的照片是不是让你忍不住多看一眼呢？

通过搭建画框的方法，首先可以帮助我们美化图片，其次能够突出照片的中心，吸引观赏者的注意力。

图 3-71 表情抓拍

图 3-72 搭建画框

重复是利用镜面反映的效果，达到一种"轴对称"的构图形式。

图 3-73 轴对称构图

# 第二节　用　光

摄影的艺术也被称为光的艺术，因此如何运用光线对于拍摄出优秀的照片起到了关键性的作用。不仅要考虑到什么时候的光线最好，更要考虑到什么角度的光线适合你要表达的内容。

## 一、光线对于照片的影响

图 3-74　光线对照片的影响

从日出到日落，光线改变的不仅仅是位置，光线照射在物体上的效果也在不停地变化。通常在 10：00 之前和 15：00 之后（根据季节变化会有细微偏差），光线较为柔和，太阳高度适中，因此能让被拍体呈现出比较自然的状态。

## 二、不同光的效果

### 1. 顺光

顺光拍摄出的照片通常给人的感觉是比较明亮和晴朗的。当我们利用顺光拍摄人物时，人物的五官会比较清晰，皮肤也会因为顺光显得白皙。

图 3-75 顺光照片一

图 3-76 顺光照片二

## 2. 侧光

侧光是摄影中比较多用到的一种光线，尤其是前侧光。这样的光线不仅能够让被拍物体有一定的明暗对比，而且能够增强中心物体的立体感。从色彩上也可以丰富图片的光影层次，这时的光线也能比较理想地还原画面色彩。

要注意避免光影的对半分配，这样容易出现明暗对比线，使画面出现一种被切割的感觉。

图 3-77 侧光照片一

图 3-78 侧光照片二

### 3. 逆光

逆光是摄影中比较有吸引力的一种光线。逆光拍摄人物会给人一种神秘的感觉，通常利用夕阳的光线营造图片氛围。当利用逆光拍摄风光时，则更多的是为了体现整个风景由远及近的层次感。

图 3-79 逆光照片

**小技巧**

当我们没有办法在最佳时间拍照时，可以借助伞、建筑物、植物的阴影，避免人物脸部过白、阴影过黑的情况发生。

阴天时，需要到空旷的地方，这样才能拍摄到散射光的效果。调整人物的姿势，尽量保证人物脸部白皙。

当我们置身室内，光线不够充足时，应多借助窗户光来进行拍摄。透过窗户进入的光线因为变形有时可能会有意想不到的效果。

图 3-80 借助树荫

图 3-81 散射光效果

图 3-82 借助窗户光

# 摄像与编辑

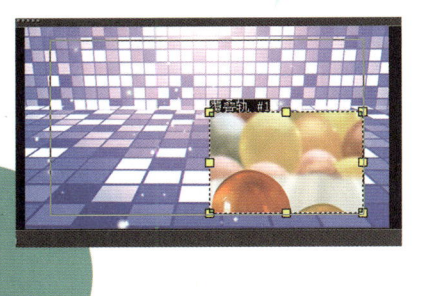

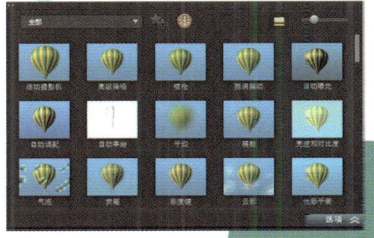

DV 摄像机如今在我们的生活中几乎随处可见。有的人用它来记录小宝宝的成长，有的人用它来记录旅游风光，有的人用它来记录亲友聚会活动。还有一些朋友，他们随身带着 DV 随时准备拍摄，人们称这个群体为"拍客"。他们把摄录到的画面送到电视台播出或者编辑整理后传到网络上让大家分享。拍客们在享受影片带来的乐趣和成就感的同时，也顺理成章地收获应得的稿费。但是，请注意不要侵犯别人的肖像权和隐私权。

　　可是，也有不少朋友虽然已经买了 DV，却并不常用，仅仅在刚买的时候"热"过一阵子，然后就放在柜子里睡大觉。问他为什么，多半回答说：拍不好，不知道拍点啥，看得头晕。真可惜呀！

　　其实玩 DV 并不难，大可不必看得过于神秘。凡事都有它的窍门，DV 摄录也一样，自有它的门道。那么朋友们也许要问，它有哪些技巧？怎样才能入门呢？下面，我们就一起来认识一下 DV 摄像机吧。

# 第一章　认识数码摄像机

随着数码摄像机的快速发展，摄像机在存储方法上也发生了天翻地覆的变化。摄像机经过了磁带记录、光盘记录，到目前是硬盘记录。硬盘记录有很多优势。从开始 10 G 到目前 250 G，增大了存储的空间。一个 60 G 的摄像机存储的

信息相当于 MINI 带的 80 倍。硬盘数码摄像机简化了采集的烦琐过程，无须采集卡，可以很方便将素材传输到电脑里，为后期制作提供了方便。

## 第一节　摄像机功能键的应用

摄像机功能键的正确操作非常重要。如果使用得当不仅可以延长摄像机使用寿命，还可以帮助你拍摄出成功的视频，所以在使用摄像机之前需要你拿出时间认真学习正确的操作方法。

### 一、电源开关

#### 1. 关机状态（OFF）

摄像机都有自己的电源开关。不同的摄像机开关的位置可能不同，但它们的作用是相同的。拿到摄像机时，应仔细观察电源开关的位置，注意操作方法，切忌盲目操作，以免损坏你的摄像机。

图 4-1　电源开关

### 2. 拍摄状态（CAMERA）

将开关推到 CAMERA，进入拍摄界面。

## 二、拍摄与暂停

任何一台摄像机都有拍摄键，下面请你仔细观察摄像机的拍摄键。

拍摄键

图 4-2 拍摄键

操作时大拇指按动拍摄键即为拍摄状态（START），再按一次就是停止(STOP)。

拍摄与停止是两回事，在拍摄中如果忽视了会带来很多遗憾。使用中在显示屏上有明确的标志，大家注意标志符号。拍摄纪录：REC ●。停止：PAUSE ■。

## 三、变焦杆

无论家用的摄像机还是专业摄像机都有数字变焦系统。在广角和长焦镜头的两个位置上控制焦距，按动调整变焦杆就可以进行平滑的变焦拍摄。推进拍摄主体细节，拉远可在较大范围拍摄。同一主体也可以在同一机位表现景物的大小，可以在拍摄前构筑画面，在拍摄运动物体的时候做适当调整。

图 4-3 变焦杆

当你把变焦杆推向 W，画面有什么变化？推向 T 又有什么变化？

# 第二节　摄像机的小助手

摄像机要正常工作需要一些附件，这些附件起着举足轻重的作用，下面介绍部分附件。

## 一、电源

### 1. 电池

电池能随时随地给摄像机提供能量，是不可缺少的附件之一。

### 2. 交流电源适配器

将交流电转换成与摄像机匹配的额定电压与电流，可以直接给摄像机提供能源。

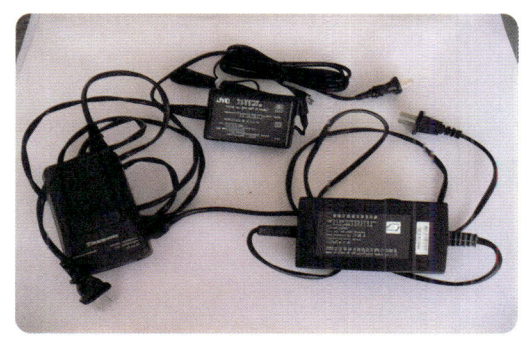

图 4-4　交流电源适配器展示

**充电方法：**

将摄像机开关设置在 OFF 的位置，电池安装到摄像机上，适配器一端与摄像机连在一起，另一端插到交流电源插座上。

## 二、话筒

外接话筒规格很多，效果各异，拍摄时要选择摄像机专用话筒。专用话筒有很强的方向性，可以有效提高声音的质量，这是与普通话筒最重要的区别。

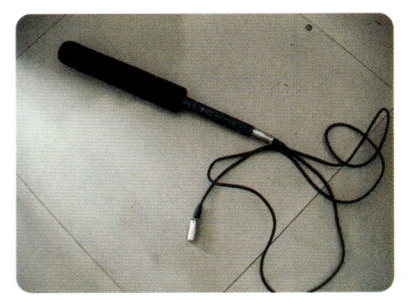

图 4-5 话筒

## 三、三脚架

三脚架是摄像中重要的工具之一，它在拍摄中能起到稳定画面的作用，帮助我们拍摄出清晰的画面。

对三脚架作用的认识，可谓多种多样。不同的人，有着不同的看法。有的人从事摄像行业，多年未曾使用过几次三角架。不管你看法如何，它在摄像中的作用是不可低估的。手持摄像机的主体是人，无论你经验如何丰富，总免不了在操作过程当中的抖动。按动的瞬间，摄像机的画面成像会受到很大影响，造成整体清晰度的降低，这是一个不容忽视的问题。尤其是在光线昏暗和拍夜景的情况下，三脚架的作用就更加明显。

"利用好了三脚架，等于买了一个好镜头"。特别是喜欢风光摄像的同学，三脚架的作用就更为重要。否则，你的镜头是经不住"检验"的。

图 4-6 三脚架

# 第二章　拍摄技巧

## 第一节　常用的拍摄方法

电视画面是通过操作摄像机，对物体进行拍摄获得的，而持机姿势又直接影响到画面的质量。在拍摄过程中，不同的场合、不同的环境需要使用不同的姿势。

在拍摄过程中，主要有两种姿势：

### 1. 徒手拍摄

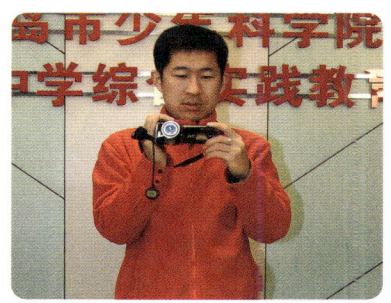

图 4-7　手持站姿一

图 4-8　手持站姿二

图 4-9　手持仰拍

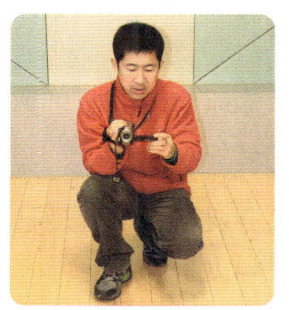

图 4-10　手持蹲姿

徒手拍摄是摄像中常采用的方法，但在拍摄中如果把握不好，画面就会不稳，进而降低画面的质量，所以在采用徒手拍摄时一定要稳。

**2. 利用三角架拍摄**

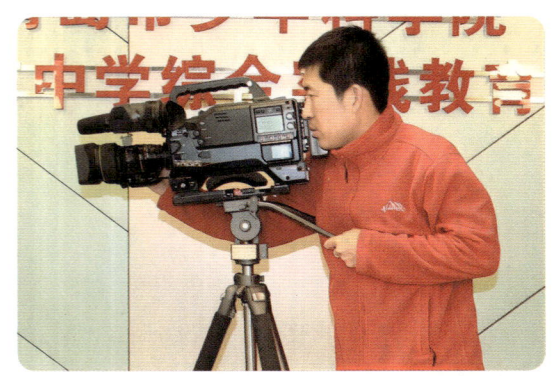 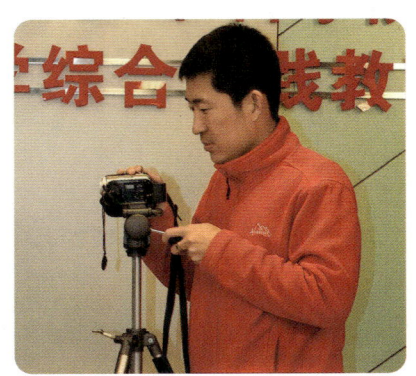

图 4—11 利用三脚架拍摄

在有条件的情况下最好利用三脚架拍摄，可以提高拍摄的质量。大家可以在实践中去体会它的妙处。

1. 徒手持机，拍出的影片容易出现什么问题？你怎样克服这些问题，这种方法有什么优点与缺点？

2. 利用三脚架拍摄有什么优点和缺点？

# 第二节  拍摄技巧

要熟练地使用摄像机拍出理想的电视片，需要掌握拍摄技巧。可以从两个方面入手：

技术上要求你掌握最基本的操作要领，摄像机镜头运动要"稳、平、匀、准"。

艺术上要根据内容的需要来选择视点、确立机位、视距、角度、景别，

这些对我们成功拍摄至关重要。

## 一、技术上的要求

主题明确，图像清晰，画面简洁。在对画面取舍时，既要使主体突出、图像清晰，又要通过画面的视觉形象向观众传递足够的信息，体现作品的主题。当然，在一部片子中，有些镜头表现的内容多，有些镜头表现的内容少，因此，对每个镜头的要求和处理应有所不同。

镜头运动要做到"稳、平、匀、准"。

（1）稳：在摄像的过程中要保持机身稳定，使拍摄出的画面没有摇晃现象。

（2）平：在拍摄过程中，应保持摄像机身处在水平的位置，拍摄出的画面边缘横线与地平线平行。开拍时尽量让摄像机放平，保持摄像机处于水平状态，这样拍摄出来的影像不会歪斜。

（3）匀：在摇拍或移拍时，摇动或移动摄像机的速度要均匀，不能忽快忽慢，忽走忽停。

（4）准：指摄像画面的构图，以及运动摄像时的起幅和落幅要符合电视作品所表现的内容。有四准：①聚焦要准②构图要准③白平衡要准④景物色彩还原要准。

## 二、艺术上的要求

### 1.交代好场景、人物关系、表情和细节等因素

角度有四种：正面、侧面、斜侧面和背面。正面是指摄像机镜头对着拍摄对象的正面进行拍摄。它能真实地反映拍摄对象的全貌。侧面是指镜头与拍摄对象正面构成90度角关系时进行的拍摄。它能表现对象的侧面特征，能很好地表达出拍摄对象的轮廓。

斜侧面是指镜头从介于正面和侧面之间，呈45度角进行拍摄。它既能表现出拍摄对象的正面和侧面的特征，又能表现出拍摄对象的立体感和透视效果。

背面是指镜头从拍摄对象的后面进行的拍摄。它表现拍摄对象的背面特征，强调拍摄对象的形态，还能把观众的视线引向画面的深处，引起观众的兴趣。

### 2.拍摄角度的选择

（1）平摄，摄像机的高度与被摄主体的眼睛平齐，所摄画面具有如同平时我们眼睛观察事物的视觉效果，给人的感觉比较自然平和。

（2）俯摄，摄像机高度在被摄主体的眼睛之上，从上向下拍摄。这种拍摄角度特别适宜拍摄大场面。常用来表达渺小、阴谋或孤独、压抑、沉重的情感。

（3）仰摄，摄像机的高度低于被摄主体的眼睛，自下而上地仰角拍摄。这种镜头给人以高大、壮观与充满力量的感觉。

### 3.景别

它是区别画面内被摄物内容大小、多少的重要标志。如同语言也有抑扬顿挫一样，由镜头衔接组成的镜头句子，也应当有变化。景别的变化产生的印象使观众产生观察距离的变化。景别的变换引导观众从宏观到微观，从全局到局部进行观察思考。不同的景别，通常可以通过改变摄像机与被摄物之间的距离和变焦的方法来获得。

**常用的景别**

（1）远景：远景是具有远大的宏观性、场面性的镜头，人在画面中显得微不足道的景别。常常用来表现气氛和介绍环境。

（2）全景：全景是能够表现人物全身特征的镜头。画面中可以出现人物全身，或者可以容纳人物身高范围，并且可以看清外形特征。

全景主要表现人与环境之间的关系、人与景物之间的关系、表现人与人之间的交流、表现人体的运动等。如果是表现某物体的镜头，则可以画面中所容纳物体的外形整体为标准。

（3）中全景、中景：以人体身高确定，中全景画面下边框在膝盖以下；中景画面下边框由脚面到胯骨，画面上边框由头顶至胯骨，也可理解为半身景。对应于其他物体，如果其外形一半面积到大部分面积出现在镜头画面中

时，即可称为中全景或中景。

中全景和中景表现的是物体的一半或大部，善于表现人物与人物之间飞谈话和感情交流。人物的对话也常以中景镜头穿插组接。中景也可用来表现幅度较大的运动。

（4）近景：近景也称为胸像。通常是取头顶至第二三纽扣之间。近景常用于人物对话，与观众产生的近距离感有明显细微的视觉观察。

（5）特写：特写的画面通常只表现人物的脸部或某件物品（如：一只茶杯、一块手表等）。就人物而言，一般是从上衣第一纽扣至头顶，有时可能是一只手或一只脚。俗话说：远取其形，近取其神。它的作用是表现人物的内心活动。通过面部或者肢体局部的细微情形，来刻画人物的性格。我们前面讲的细节，通常是通过特写来传达的。一个轻微的手势，一个不起眼的脚跟移动，都可以赋予一定的内在含义。

（6）大特写：主体物完全充斥画面，有时可能是一双眼睛、一件饰物，或是其他部位的细部。

大特写仍然是用来刻画人物性格，表现内心活动的主要形式。画面内容虽然减少，但给观众的感染力更大，造成的视觉冲击力更强。

# 第三节　摄像构图

构图是将人物、景物进行合理组织，进行选择、加工和处理，使整幅画面既合乎主题表现的需要，又合乎造型审美的要求，成为一个优美的视觉空间或画面的方法。

它具有五个方面的要素，即：形状、线条、色彩、质感和立体感。不同的要素对画面的构成有着不同的影响。如物体的形状在画面中所处的位置、面积大小和方向发生变化时，会带来不同的构图变化，产生不同的视觉效果；线条可用来引导观众的视线，以加深对主体的印象；色彩能对视觉产生刺激，

可吸引人的注意力等等。下面简略地分析一下画面构图的技巧和要求。

## 一、构成画面的实体因素

主体、陪体、前景、背景、空白五个方面在构成画面整体中具有不同的作用。

在实际拍摄中，这五种实体因素并不是同时存在、缺一不可的。拍摄者常常根据具体需要选择实体因素，尽量使画面简洁鲜明。同时，由于电视摄像往往在运动中进行构图，实体间的相互位置也处在流动、变化之中，其含义也是相对的。

主体的含义有两点：一是它是画面中主题思想的主要体现者，是画面内容的中心。例如，我们拍摄右侧的电视画面，它的主体就是那块石碑标牌，它所体现的是这一镜头画面内涵。二是主体又常常是画面造型构图的支点，它统率着整个布局，从而使画面达到主次分明、完整和谐的效果。

在摄像构图中，我们如何来选择、处理主体呢？

（1）要把主体放在画面的最恰当的位置。主体是画面中最重要的部分，它的布局安排对整个画面的构图举足轻重。初学摄像的人，在构图时常把主要目标放在画面的正中，使主体占有较大的画面面积，或将主体置于画面的视觉中心，认为这样就突出了主体。实践证明，画面正中非但不是视线的焦点，而且是视觉感受的薄弱区域。主体置于画面的中心常显得呆板，缺少变化。

人们通过对人眼观察画面的视线运动规律及运用黄金分割比例进行研究，发现在电视屏幕4:3的画幅区域内，有几个视觉强点，这些地方都是安排主体的理想位置。

（2）在景物、色彩、影调等方面使主体与其他实体因素形成鲜明对比，从而达到突出和强调的目的。景物的对比往往靠改变拍摄角度来实现，例如：用仰拍可使景物变得高大，俯拍又可使景物处在众多陪衬中形成视觉中心。色彩和影调的对比一方面取决于场面的组织和布置，另一方面取决于光线的选择和运用。

（3）为了使画面生动活泼、含蓄优美，主体有时不是明显地出现在画面上，而是通过线条导向、虚实变化、光影衬托等，使观众的视线最终落在主体身上。例如：有时利用摇摄使主体随着镜头慢慢出现，有的则采用虚实焦点的办法使其他景深变虚，主体变实等。

陪体是画面中主体的主要陪衬物，常常与主体形成一定情节或构成依附关系，帮助主体完整、准确地表达思想。陪体与主体构成情节或形成对比，烘托主体，美化画面，平衡构图和作为镜头转换的依据。

前景的作用主要有四点：第一，增加画面的层次，表现空间透视。第二，装饰美化画面。第三，深化主题，交代环境，烘托情绪。第四，与主体形成某种修辞关系，在揭示思想内涵、深化主题方面起着重要的作用。构图时，前景的比例要合适，要在面积、色调上服从、服务于主体的需要，避免造成人为的视觉障碍。此外，还要注意与主体相呼应，使画面形成统一整体。

背景处在主体之后，是主体的活动环境。它的作用是表明主体活动的地理位置或环境氛围，从内容和形式上衬托、突出主体，达到增强气氛和现场感，表达思想情绪的目的。选择和运用背景时，首先要从表现内容和主题需要出发。其次，背景的运用要尽量简洁，避免杂乱。

空白在摄像构图中具有抒发感情、调整节奏、创造意境、展现动势等作用。就人物而言，画面上部分空白（天头空白）就是画面中主要人物的头顶与屏幕上框之间的空白。这个空白过大、过小都不好，最佳效果是使人物的眼睛位于屏幕横向的黄金分割线的第一条的上下（近景与特写可低于此线，远景可高于此线，中景可与此线持平）。

在表现运动镜头时，更要留有足够的空白展现动感，如动态中的人物、运动中的汽车等。

## 二、画面实体的表现

画面中的实体是靠自身的线条、影调和色彩来表现其形态的。在拍摄中我们应尽可能地调动一切手段，运用线条、影调和色彩的有利因素，来表现

事物的形态，抒发自己的情感。

（1）线条在构图中的作用。首先，线条能更好地展现三维立体。近大远小、近清楚远模糊的透视规律告诉我们，尽管在平面上，只要我们能很好地运用线条，同样也能塑造出立体空间。其次，在统一中变化的线条能形成节奏，构成丰富意义的整体。如果画面中线条结构缺少变化，就会使人感到单调、死板、乏味，缺少情趣。最后线条还可以达到表现某些思想的目的。如直立的线条给人高大、挺拔之感；水平的线条给人以平静、开阔、安逸之感等等，这些都是我们利用线条塑造形象的有利因素。

（2）影调在构图中的作用。它可在主体与陪体、背景与主体之间形成影调对比，它可从透视上产生出近深远浅、近重远轻的效果，它在基调方面给人带来不同的心理感受（暗调给人以昏暗、沉重等感觉，明调给人以优雅、纯洁的感觉等）。

（3）色彩在构图中的作用。它的作用在于为主题服务，烘托氛围。在拍摄中我们应该注意运用色彩的感情（不同的色彩表现不同的情绪）；要善于运用物体的色彩进行构图处理，力求和谐统一。

## 第四节　常用的镜头运动

常用的镜头运动有推、拉、摇、移、跟。

**推**

推镜头是画面的构图由大范围景别向小范围景别连续过渡的拍摄方法。画面内容减少，视觉前移。推镜头具有一定的强制性，它引导观众的视线，增加画面吸引力。推镜头结束的画面应该是观众感兴趣的景物，强调整体当中的个体。

**拉**

拉镜头与推镜头相反，是画面的构图由小范围景别向大范围景别连续过

渡的拍摄方法。画面内容增多，视觉后移。拉的技巧可用于从局部引出全局，由个别到整体，有概括归纳的表达功能，并有一种稳定的趋向性，拉镜头表达个体处于怎样的环境或者整体。

### 摇

摇镜头是保持摄像机位固定不变，摄像机景别不变的情况下，改变摄像机拍摄的轴线方向的一种拍摄技巧。分水平摇、俯仰摇，以及上下左右相结合的复合摇摄。摇摄方向要依画面内容、物体运动和相关镜头剪辑规律确定。运动速度要根据观众是否可以看清画面内容和内容节奏确定，切勿"扫射"拍摄。

### 移

移就是边移动边拍摄的技巧。它又分横移、纵移、垂直移和同步移。相较推、拉、摇镜头，移更能有效地表现空间和灵活地进行场面调度。

### 跟

跟是以摄像机镜头紧随运动着的人或物进行拍摄，移动方向、幅度与被摄体始终保持一致，景别和角度都不做大的变化。

想要拍出较为理想的影片，需要从多方面进行细致的工作，所以熟练使用摄像机，掌握好拍摄的基本知识是十分必要的。

（1）拍摄第一个镜头时应用广角方式，这样画面影像较稳定，且不会因变焦出现模糊的现象。广角线更容易让别人了解画面中的整体环境。接下来再拍摄主体，这样会更容易突出主体。

（2）在需要时才变焦，过多使用变焦镜头会令观众难于理解画面。具备恰当理由才使用变焦，并习惯在变焦前后先定镜五秒。

（3）保持摄像机水平，这样拍摄出来的影像不会歪斜，尽量让画面在观影器内保持平衡。

（4）切勿过分移动摄像机。许多初用者都习惯将摄像机过分移动，这样

会使图像产生震动，回放时令观众头昏眼花。其实，固定镜头（固定在某一位置的镜头）是拍摄优秀片子的基础。所以，切勿在没有需要的情况下移动镜头。为方便观众了解画面，转拍另一场面前请固定镜头停留 5 秒时间。但拍摄同一主体不宜太长，否则会流于呆滞和沉闷。所以，同一主体勿拍太长或太短，5 秒至 10 秒是拍摄每个镜头的理想长度。

**第三章**

# 后期制作——编辑

## 第一节 认识会声会影 X8 操作界面

"软件界面直观，步骤流程清晰"——初次接触会声会影软件的人们都会有这样的感受。本节将介绍会声会影 X8 的界面和主要操作步骤。

### 一、会声会影界面

双击会声会影快捷方式，直接进入会声会影 X8 编辑界面。该软件拥有非常直观的编辑方式、实用的多项功能、多样的创意选项以及实际的分享功能等，使操作更方便、快捷，进而帮助我们制作出更加完美的视频影片。其各功能模块如图 3-1-1 所示。

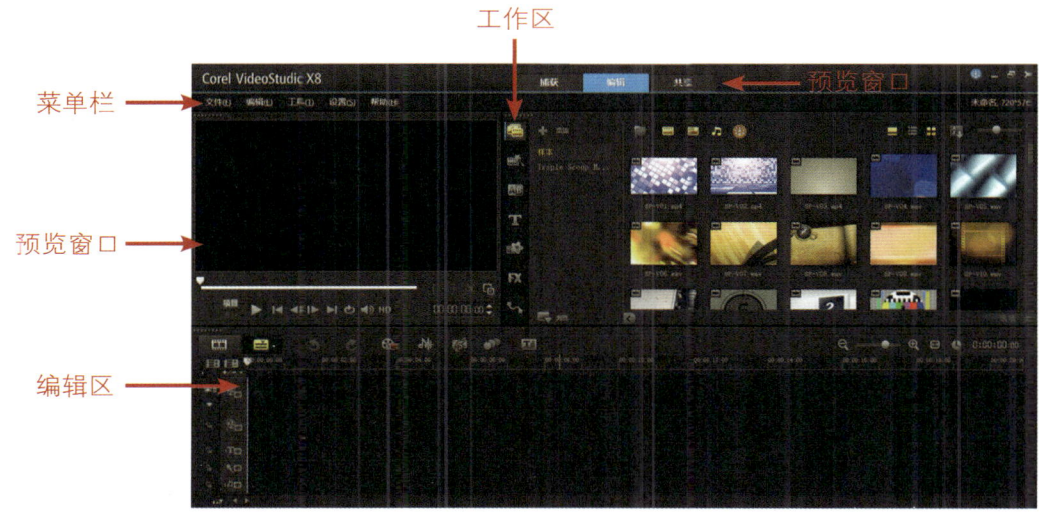

图 4-1 2 会声会影编辑器界面概览

## 二、会声会影功能块

### 1. 菜单栏

在会声会影 X8 中，菜单栏位于工作界面左上方，包括"文件""编辑""工具""设置""帮助"5 个菜单选项，如图 3-1-2 所示。

图 4-13 菜单栏

文件——可以进行新建项目、打开项目、保存、另存为、退出等操作。

编辑——可以进行撤销、重复、复制、粘贴、删除、抓拍快照、分割素材、多重修整视频等操作。

工具——可以进行 DV 转 DVD、创建光盘等操作。

设置——可以进行参数选择、轨道管理器、界面编辑等操作。

帮助——可以获取更多使用指南。

### 2. 步骤面板

会声会影 X8 编辑器将视频影片的创建制作过程简化为"捕获—编辑—共享"3 个步骤，如图 3-1-3 所示。

捕获——可以将摄像机中的视频图片素材捕获到计算机中。

编辑——可以整理、编辑、修整视频素材、添加转场特效、视频滤镜、字幕、音频等，进而使视频更加精彩、效果更突出。

共享——影片编辑完成后，在此面板中创建视频文件。

图 4-14 步骤面板

### 3. 工作区

在工作区中包含了诸如素材库、即时项目、转场、标题、滤镜、特效、

路径等媒体素材，可以根据编辑需要使其有选择性地显示，如图3-1-4所示。

### 4.编辑区

时间轴视图可以准确显示事件发生的时间和位置，可以精确到帧来修改和编辑视频。它主要有5个不同的轨道，从上至下分别为视频轨、覆叠轨、标题轨、声音轨、音乐轨。如下图3-1-5所示。

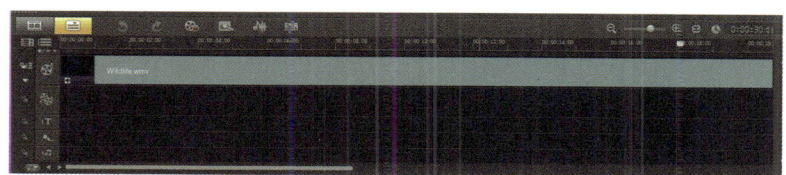

图4-15 时间轴编辑视图

图4-16 工作区

## 三、视频编辑工作流程

下图所示为具体的工作流程。红色虚线范围是编辑影片的六个主要步骤，也是取得精彩画面效果的步骤。

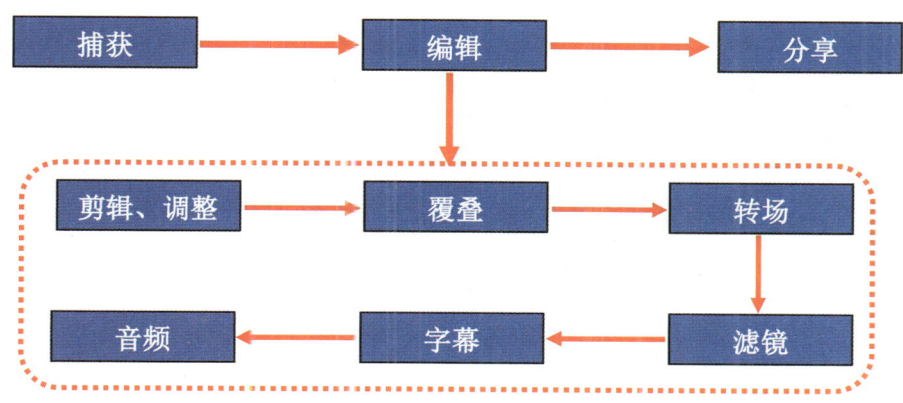

图4-17 视频编辑流程

### 编辑器步骤操作提示

会声会影是非线性编辑软件，操作上不需要严格按照"线性"的先后顺

序。但是在会声会影步骤按钮的指引下，我们可以井然有序地完成整个制片过程，效率更高。

# 第二节　导入摄像素材

将拍摄的视频和图像素材导入电脑中是视频编辑的第一步。

## 一、素材导入方法

在会声会影 X8 中，除了可以从电脑中直接捕获视频和图像素材外，也可以在"编辑"步骤下的工作区面板中添加各种不同类型的素材。如图 3-2-1 所示，点击"素材库"文件夹，而后选中所需加载素材，将素材添加到素材库后。我们通过素材库可以随时调用各种素材，也可以非常直观地查看各个素材。

图 4-18　素材库

## 二、应用素材

将素材直接从素材库中拖拽至视频轨中，如图 3-2-2 所示。

图 4-19 素材库

# 第三节　剪辑与调整视频素材

如何将影片不需要的部分剪掉？如何在一段视频中插入其他素材？如何使影片看起来自然流畅？这些问题都要在剪辑与调整视频基础上解决。

## 一、"剪辑"的含义

剪辑是对所拍摄素材进行加工、整理、归纳、升华的过程。

## 二、"剪辑"素材

我们拍摄的素材，难免出现某些不理想的画面需要剪辑，还有一些过长的画面需要剪短。在电脑中编辑影片的最大好处就是可采用精确到帧的方式来进行剪辑修整，最终获得理想的影片。

**方法 1：**

① 单击时间轴中的素材进行选取。

② 左右拖动素材两边的黄色修整拖柄，以改变素材的长度。

预览窗口将反映出素材的修整拖柄位置。项目中的其他素材将自动根据所执行的编辑而改变位置，如图 3-3-1 所示。

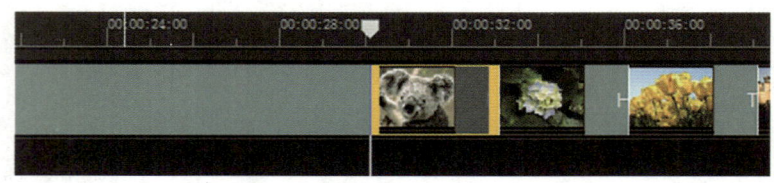

图 4-20

**方法 2：**

①鼠标拖动时间线上的小滑块确定剪辑位置。

②使用剪刀工具进行剪切。

③再次移动小滑块确定剪辑位置。

④使用剪刀工具进行剪切，在选中的片段上点击鼠标右键选择删除。

重复以上操作就可以留下我们需要的素材了。

## 剪辑过程的提示

剪辑的前提：对一个要进行处理的题材要反复观看几遍，做到心中有数。哪一部分保留，哪一部分删掉，过长的片段剪短，缺少的内容要补充，另外片中各部分的情节排列是否合理。总之剪辑需要细心、耐心。

体验一下做个剪辑师的乐趣吧！

# PS 图片处理

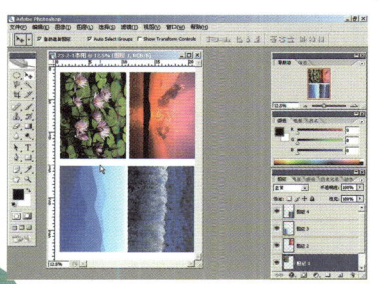

　　本课程旨在通过相册的设计与制作培养学生的观察能力、动手实践能力和审美创造能力。首先，学生能够利用Photoshop软件将自己的照片进行修图。其次，选择与主题相符合的背景图片进行照片的合成，并自己动手打印出照片。最后利用这些照片进行相册制作。在动手实践中，激发学生的创新意识，达到热爱劳动、学会劳动、创造性完成劳动的目的。

　　通过本课程的学习，让学生掌握工具设备的使用，了解Photoshop基本的操作方法，掌握抠图、合成、装饰、设计等操作技能。能规范地使用软件，进行图案的基础修改；能规范地使用各种工具，完成相册的设计与制作任务。

　　实行项目教学法。了解Photoshop的操作流程，了解作品设计的原则和方法。学生学会运用设计理念，以相册作品来表达自己的爱好和思想。在作品的制作中，学会利用多学科知识迁移来解决问题，并通过设计、制作、装饰等工艺的实施，对手工相册进行修整改进及综合评价，锻炼学生的创新思维，提升学生的创新意识。

# 第一章　打开 Photoshop 之门

　　Adobe Photoshop，简称"PS"，是由 Adobe Systems 开发和发行的图像处理软件。Photoshop 主要处理以像素所构成的数字图像。使用其众多的编修与绘图工具，可以有效地进行图片编辑工作。PS 有很多功能，在图像、图形、文字、视频、出版等各方面都有涉及。下面让我们来看一看它的强大功能吧！

图 5-1 PS 前

图 5-2 PS 后

图 5-3 PS 前

图 5-4 PS 后

Photoshop 是一款优秀的图像编辑软件，应用范围广泛。你知道它分别应用在哪些领域里？

# 第一节　初识 Photoshop

1. 了解 Photoshop 软件

2. 掌握 Photoshop 软件界面的组成部分，了解工具箱中的工具的名称，能够新建、保存文件。

如何新建一个 Photoshop 文件？

启动 Photoshop 后，计算机屏幕上会显示出软件的工作界面，如下图所示。Photoshop 的工作界面主要包括菜单栏、工具箱、工具选项栏及状态栏等元素。

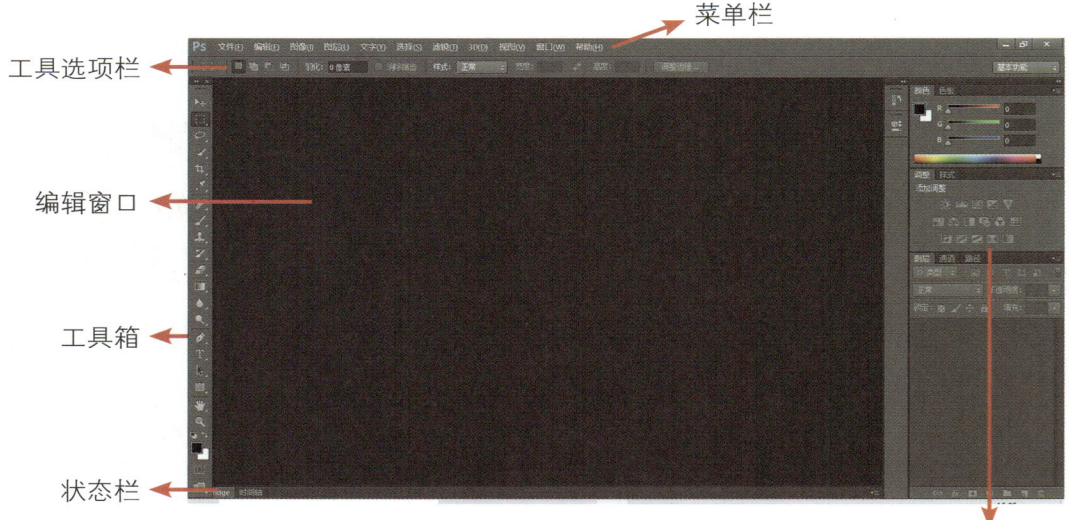

图 5-5 Photoshop 的工作界面

### 1. 菜单栏

Photoshop 包括 11 个菜单、上百个命令。听起来虽然有些复杂，但只要你了解每个菜单命令的特点，就能够很容易地掌握这些菜单中的命令了。

### 2. 工具箱

执行"窗口"|"工具"命令，可以显示或者隐藏工具箱。Photoshop 二具箱中的工具极为丰富，其中许多工具都非常有特点，使用这些工具可以完成绘制图像、编辑图像、修饰图像、制作选区等操作。

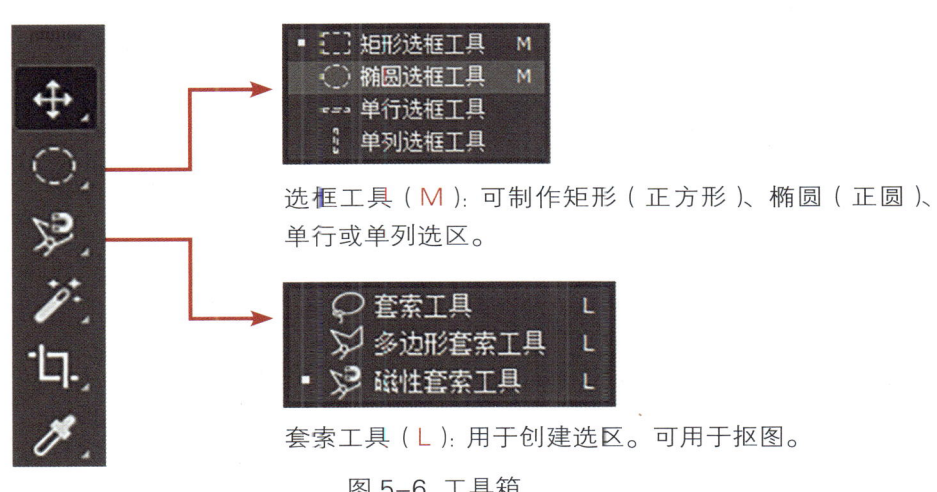

选框工具（M）：可制作矩形（正方形）、椭圆（正圆）、单行或单列选区。

套索工具（L）：用于创建选区。可用于抠图。

图 5-6 工具箱

探索工具箱中的其他命令都有什么选项，你能通过名称猜出他们的功能么？

### 3. 新建文件

最常用的获得图像文件的方法是建立新文件。执行"文件"|"新建"命令后，弹出如下图所示的"新建"对话框。在此对话框中可以设置新文件的"宽度"、"高度"、"颜色模式"及"背景内容"等参数。单击"确定"按钮，即可获取一个新的图像文件。

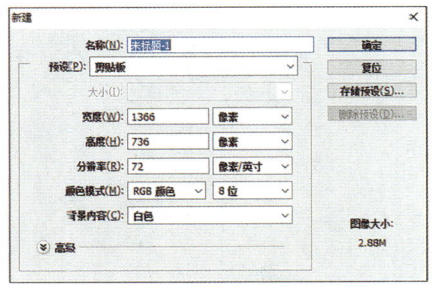

图 5-7 "新建"对话框

图 5-8 "存储为" 对话框

### 4.保存文件

执行"文件"|"储存"命令，弹出如图所示的"存储为"对话框。输入文件名，并且选择恰当的格式，然后单击"保存"即可。

# 第二节 图层简介

1. 了解 Photoshop 软件，知道图层的特性。

2. 了解图层的特性，培养善于观察、手脑并用的好习惯。

在图片的制作中，图层的特性有哪些？

### 1.透明性

打开图片新建一个图层后，发现新图层对原照片没有任何影响，因为新图层是透明的。

图 5-9 透明性对比

### 2. 层次性

当有多个图层时，把某两个图的层次颠倒一下，最终呈现的图片效果也不同。

### 3. 范围性

在图层的活动面板中会看到图片所有的图层，在调整图片时先要找到它对应的图层。

### 4. 自由性

Ctrl+J 复制图层，需要删除的图层直接拖到垃圾筐内。如图：

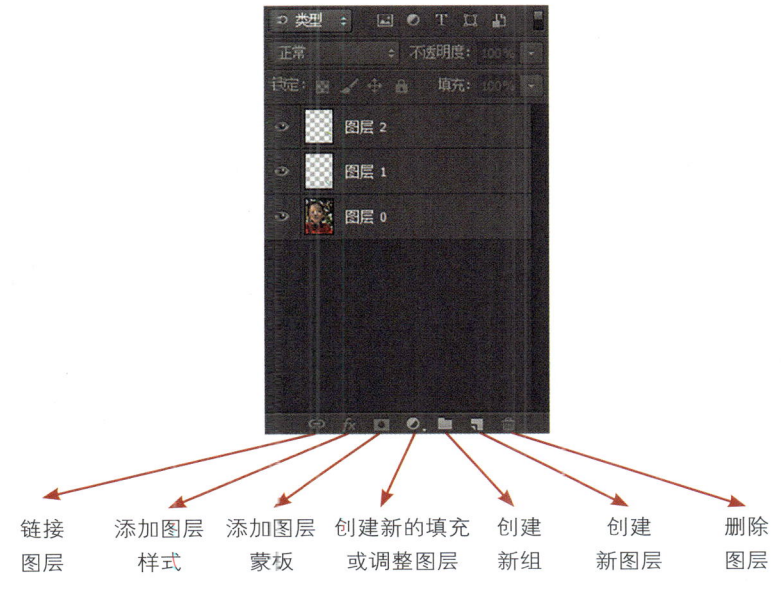

| 链接 | 添加图层 | 添加图层 | 创建新的填充 | 创建 | 创建 | 删除 |
| 图层 | 样式 | 蒙板 | 或调整图层 | 新组 | 新图层 | 图层 |

图 5-10 图层工具栏

| 项目 | 分值 | 自评 | 互评 |
| --- | --- | --- | --- |
| 了解图层的透明性 | 25 | | |
| 知道图层的层次性 | 30 | | |
| 了解图层的范围性 | 20 | | |
| 知道图层的自由性 | 25 | | |

第二章 抠图与合成

在图片处理中，抠图是常用的一个操作步骤。所谓抠图，就是把所需要的人、影、物从原始图片里分离出来成为单独的图层。主要目的是为后期的合成做准备，可以对证件照更换背景，可以更换头像，可以结合风景照片进行合成……

照片原图

抠图后

合成后效果图

图 5-11 抠图对比与合成效果

# 第一节　魔术棒抠图

1. 了解 Photoshop 软件，熟悉抠图工具魔术棒。

2. 初步学会运用魔术棒工具抠图，知道存储的格式。

在图片处理中，抠图方法有很多种。通常会结合图片的特点来选择抠图方法。魔术棒抠图是最直观、最简单的方法。

**步骤一：**双击 PS 图标，打开 PS。

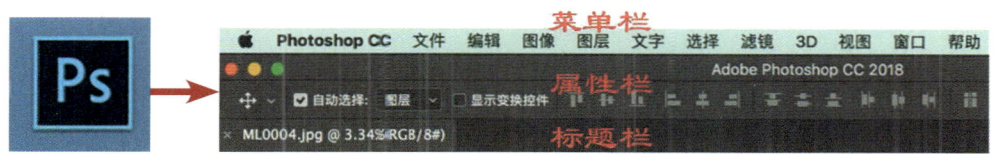

图 5-12 菜单栏

**步骤二：**调桌面。

在菜单栏的窗口中打开历史记录、导航器、图层三个活动面板和工具，准备调桌面。

历史记录：保存图片的每一步操作历史，有助于修改图片。操作中，使用历史记录可以达到事半功倍的效果。

导航器：调整图片的放大与缩小，便于抠图。

图层：图层是 PS 里常用的术语，代表着每一张图的层次，在一张图片中每一个图层的位置不同呈现的效果也不相同。

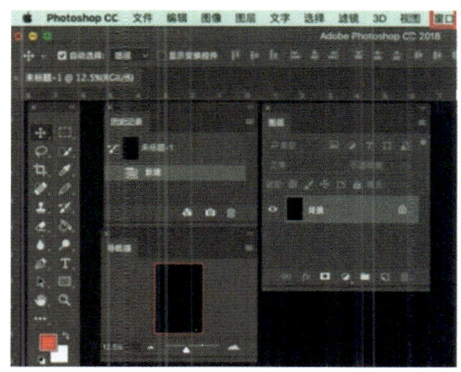

图 5-13 调桌面界面

**步骤三：**打开文件。（选中苹果图片，点击打开）

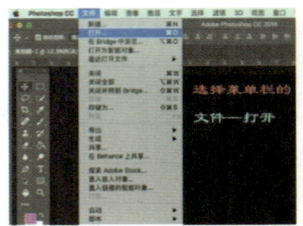  

图 5-14 打开文件

**步骤四：**复制图层，选择工具。（Ctrl+J 复制图层快捷键，选择魔术棒工具，魔术棒的容差值一般在 20—30 之间）

**步骤五：**去除底色，根据需要选择以 PSD 或 JPG 存储文件。（在图片的空白处点击 Backspace 去底色，存储图片。）

图 5-15 去除底色

1. 主体图案要完整。

2. 线条流畅无毛刺。

3. 底版干净无杂质。

4. 存储格式要正确。

1. 在抠图中，容差选择多少合适？

2. 魔术棒抠图适合什么样的照片？

1. 容差值的大小决定图片的细腻程度。容差值越小，图片边缘线条较粗；

容差值越大，会精准地去掉杂边，画面干净但图像的边缘生硬。

2. 魔术棒抠图适用于图像和背景颜色色差明显、背景色较单一且图像边界清晰的图片。

| 项　目 | 成　绩 | 自　评 | 互　评 |
|---|---|---|---|
| 魔术棒工具抠图 | 20 | | |
| 容差的选择 | 10 | | |
| 图像的完整性和独立性 | 30 | | |
| 图像线条流畅，过渡自然 | 20 | | |
| 正确存储 PSD 格式文件 | 20 | | |

# 第二节　人物图像基本合成

初步掌握图片合成的方法。

合成是指把原来的两幅或两幅以上的图像合成一幅图，以突出表达某个主题。

 认识工具

首先让我们打开 Photoshop

工具命令介绍：

工具栏——左边是工具栏，修图时根据需要来选择。

菜单栏——最上面一排，有文件、编辑、图像、图层、文字等等。

属性栏——属性栏会根据所选工具调节橡皮擦的大小、模式等属性。

操作区域——最中间就是操作区域了。区域不大，平时可以缩放图像来进行细致操作。

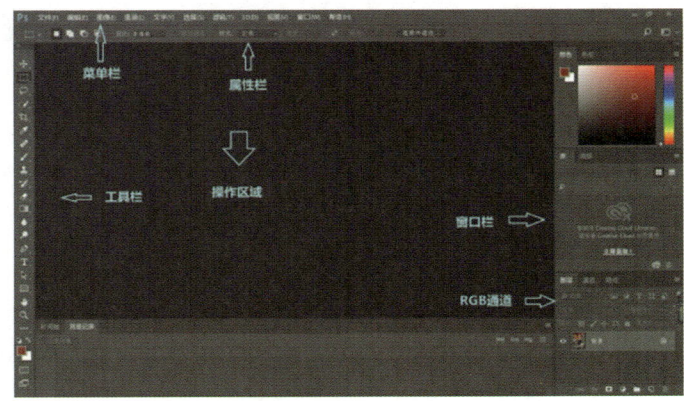

图 5-16 Photoshop 主界面

 实践乐园

（1）打开抠图照片。　　　　　（2）打开背景图片。

（3）鼠标按住目录条后向下拖。（4）全部框选后，选中移动工具。

（5）选中后用箭头把人物拖入背景图片，如其大小不合适还可以按住（Ctrl+T）自己调试。

 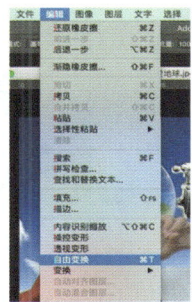 

出现边框调整大小时，记得按下 Shift 键可以等比例缩放的。

 质量要求

1. 初步学会快捷指令及文字工具的使用。

2. 能够进行简单的图片合成。

 仔细观察

将要合成的 2 张图片通过 PS 的菜单栏依次打开。

 小提示

打开第二张图片后若找不到第一张图片，请你仔细观察图片上方的标题栏即可找到。

 评一评

| 评价标准 | 自我评价 | 同学评价 | 老师评价 |
|---|---|---|---|
| 合成步骤 | | | |
| 各种命令的正确应用 | | | |
| 图像合成质量 | | | |

# 第三节　图像基本应用与调整

1. 初步学会图像调整的方法。

2. 能够运用简单的图像调整应用到图片合成中。

1. 打开合成好的图片。

2. 通过菜单栏打开图像 | 调整 | 亮度 / 对比度。

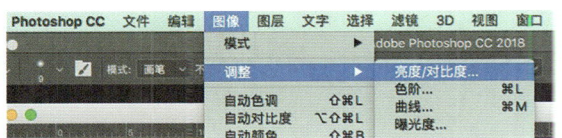

3. 根据图像处理需要调整它的亮度或对比度以达到满意的效果。

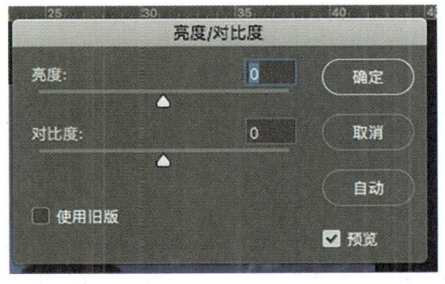

生活中经常会遇到照片拍得不满意，有时是自然光线的问题，有时是人为操作的失误。学习了图像的基本调整，快来试试吧！

| 评价标准 | 自我评价 | 同学评价 | 老师评价 |
|---|---|---|---|
| 会操作图像的基本调整 | | | |
| 能够灵活运用图像的基本调整 | | | |
| 图像调整色彩和谐、自然美观 | | | |

# 第四节　人物图像特效合成

1. 初步学会合成方法及快捷指令。

2. 能够运用简单的特效方法进行图片合成。

（1）打开抠图照片。　　　　　　（2）打开背景图片。

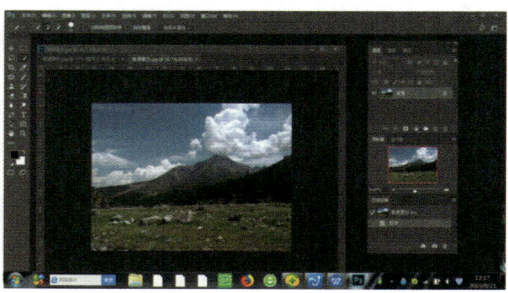

（3）点开标题栏分离两幅图片。

（4）运用移动工具将人物移到需合成的背景图中，结合快捷键 Ctrl+T 自由变换命令，调节人物大小、位置、方向即可。

**特效示范：复制克隆**

（1）首先复制人物图层。　　　　（2）对话框中选择确定。

（3）运用移动工具移动人物上方即可出现另一个人物图层，你所期待的复制克隆立刻出现。

1.初步学会创意图片的制作方法及快捷指令。

2.能够灵活运用多种方法来美化创意图片。

菜单栏的工具命令有快捷键标识，它可以帮助你实现快速上手！

| 评价标准 | 自我评价 | 同学评价 | 老师评价 |
|---|---|---|---|
| 操作合成的特效 | | | |
| 主题突出 | | | |
| 人物合成质量好、设计新颖 | | | |

# 第五节　排版、打印

你用十分的努力和激情制作了精美的图片，一定希望尽快把你的作品打印出来。那么，请跟我来学习如何排版和打印吧。

## 一、新建文件

（1）打开 Photoshop 软件，选择"文件—新建"。

（2）名称：学校—班级—姓名，预设大小：自定义 大小为：10×15cm。

（3）选择"视图|标尺"。

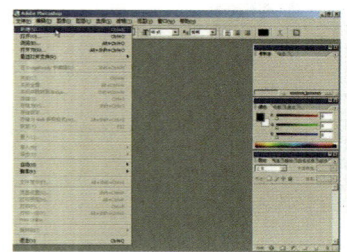
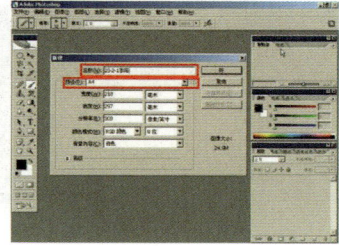
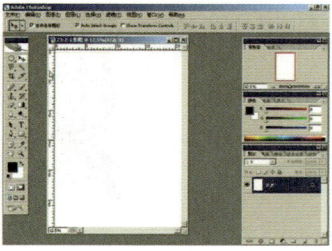

## 二、排版

　　打开要排版的图片，将图片复制（Ctrl+C）、粘贴（Ctrl+V）到新建文件上，通过变换（Ctrl+T）来调整大小、位置、旋转等。

可以每版排四张

也可以每版排六张

## 三、打印

（1）连接电脑与打印机，检查相片纸、墨盒是否放好。

（2）在 Photoshop 下打开将要打印的图片。

（3）选择"文件"|"打印"|"继续"|"属性"|"文本、照片纸、A4"。

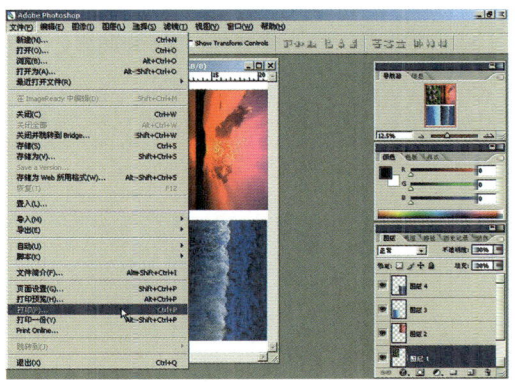

## 四、打印机使用须知

**（一）更换墨盒操作步骤如下：**

（1）通电开机，保证喷墨打印机、墨盒处于在线状态，按下 ON LINE 键不放，直到打印机鸣叫为止。

（2）打开打印机顶盖，取出旧墨盒。

（3）拆开新墨盒包装，将新墨盒压入槽中，轻按墨盒顶部使之接触良好。

（4）关闭打印机顶盖，按下 PRINT MODE 键和 BUTTON 键对新装入的墨盒进行常规清洗。

**（二）更换墨盒要注意以下几点：**

（1）安装墨盒之前撕掉封条。

（2）更换时不能移动打印头。

（3）装新墨盒之后清洗喷嘴。

# 结　语

随着我们翻完这套劳动教育丛书的最后一页，我们不禁要感慨：劳动，不仅是人类生存的基础技能，更是塑造个体、促进全面发展的不可替代的教育方式。这套丛书就像一把钥匙，为我们打开了一扇通向更广阔世界的大门，让我们在劳动的海洋中遨游，体验成长与收获的喜悦。

丛书中的每一个章节，都像是一个个生动的课堂，引导我们走进劳动的世界，感受劳动的韵律和节奏。我们通过亲手实践，不仅学会了各种劳动技能，更在劳动中发现了自己的潜能和价值，体会到了劳动带来的成就感和自豪感。

劳动教育，不仅让我们掌握了实用的生活技能，更培养了我们的责任感、团队合作精神和创新思维能力。这套丛书就像是一盏明灯，照亮了我们前行的道路，让我们在劳动的道路上不断前行，不断探索，不断成长。

回顾这套丛书的学习过程，我们仿佛经历了一场奇妙的旅行。在这场旅行中，我们不仅收获了知识和技能，更收获了成长和自信。我们相信，在未来的日子里，无论我们走向何方，无论我们遇到什么样的挑战和困难，这套丛书给予我们的宝贵经验和智慧都将是我们最坚实的后盾。

让我们怀着感恩的心，感谢这套劳动教育丛书带给我们的无尽宝藏。让我们以更加饱满的热情和坚定的信念，投身到劳动的海洋中，用我们的双手和智慧去创造属于我们的美好未来！